Le hara
nationa
Versailles du cheval

Jean-Louis Libourel
conservateur en chef du patrimoine

Bernard Maurel
ancien directeur du haras du Pin

Christophe Morin
historien de l'architecture

Avec la participation de Muriel Meneux,
association Haras du Pin Tourisme

Construit entre 1715 et 1730 par Pierre Le Mousseux, sur des plans de Robert de Cotte, premier architecte de Louis XIV, le haras du Pin, « Versailles du cheval » (Jean de La Varende, 1949), est le plus célèbre haras national français, et l'un des fleurons du patrimoine normand et ornais. « Dans le décor de son domaine admirable, il apparaît comme le plus beau haras au monde, de la même façon que Versailles, au centre de ses jardins splendides, éternise la plus belle demeure au monde » (Gérard Guillotel, 1985). Cette célébrité est due à l'ancienneté de sa fondation, à la valeur exceptionnelle des étalons qu'il abrite depuis trois siècles, à la majestueuse beauté de ses bâtiments et à celle du paysage qui l'environne et dont il est le cœur.

Berceau des races percheronne, pur-sang et de celle des trotteurs français, le haras du Pin est l'un des principaux sites des Haras nationaux, entreprise publique au service de l'élevage du cheval et de son aura dans la société. Savoir-faire (sellerie, attelage, maréchalerie…) et nouvelles technologies (reproduction) y conjuguent tradition et modernité.

2 | **Le cheval de Troie,** scène du cycle peint consacré à la guerre de Troie, au château d'Oiron, dans la galerie des Peintures. Cet animal est également à l'honneur dans la galerie des Chevaux : Claude Gouffier, grand écuyer d'Henri II, y avait fait placer les images (aujourd'hui disparues) des plus beaux chevaux du roi, peints sur toile. À côté des Tournelles, principal haras royal, les haras de Meung, de Saint-Léger-en-Yvelines et du domaine d'Oiron étaient les plus importants du royaume.

Le Pin, haras du roi en Normandie

Colbert et l'organisation des haras

Dans la France du XVIIe siècle, l'élevage du cheval se pratique dans des conditions très proches de celles du Moyen Âge. Il se caractérise par une dispersion et un émiettement total sur toutes les étendues incultes du pays. Ainsi, dans les landes bretonnes, « les cavales et poulains restent, quoiqu'il neige » (Jacques Mulliez, 1983). Dans les marais du Poitou, « les juments sont toujours à l'herbe, l'été et l'hiver, avec les étalons qui les conservent *[sic]* avec les poulains des loups, ayant l'instinct de les rassembler toutes au soleil couchant et de les tenir ensemble jusqu'au soleil levant » (Mulliez, 1983). En Alsace, « les cavales vivent de pâture toute l'année ; en Lorraine et dans les Trois-Évêchés, les chevaux, nullement soignés, sont laissés jour et nuit dans les champs comme des chevaux sauvages » (Mulliez, 1983). Pareilles pratiques donnaient une production insuffisante en nombre et en qualité.

•L'Écurie du roi : *ce service, l'un des plus importants de la maison du roi, était divisé en deux offices. Le grand écuyer, qui dirigeait la Grande Écurie, jouait un rôle majeur lors des sacres, couronnements, mariages, entrées de villes, pompes funèbres, etc. Il s'occupait des chevaux de selle et des haras royaux. Le premier écuyer avait autorité sur les attelages au sein de la Petite Écurie. La Grande Écurie fut logée aux Tuileries puis à Versailles.*

Aussi la France devait-elle importer des chevaux des pays voisins, dépendance qui la mettait en péril en cas de conflit, le cheval étant alors une arme stratégique.

Pour éviter ce risque et limiter les sorties d'argent vers l'étranger, Louis XIII essaya en 1630, sans succès, d'organiser les haras aux frais de l'État. L'idée fut reprise par Louis XIV, qui chargea Jean-Baptiste Colbert de son application. En 1663, un écuyer de la Grande Écurie du roi• est envoyé « dans toutes les provinces du royaume visiter les haras qui restent, reconnaître l'estat auquel sont lesdits haras, les moyens qu'il y a d'en establir de nouveaux et pour y exciter la noblesse » (lettre aux intendants du 5 juin 1663).

Cette enquête aboutit deux ans plus tard, le 17 octobre 1665, à la promulgation d'un arrêt du Conseil d'État pour l'établissement des haras, œuvre de Colbert, qui fondait ainsi une institution toujours active après trois siècles d'existence.

Portrait de Jean-Baptiste Colbert, par Claude Lefebvre, huile sur toile, 1666 (château de Versailles).

Le premier haras du roi : Saint-Léger-en-Yvelines

Dès 1665, aussitôt l'arrêt promulgué, un premier haras est créé à Saint-Léger-en-Yvelines, sur l'emplacement d'un ancien haras qu'Henri II, grand amateur de chevaux, avait fait construire au siècle précédent sur des plans de Philibert Delorme. Le choix de Saint-Léger-en-Yvelines se révélera déplorable. L'établissement, éclaté en quatre sites séparés, aura une production médiocre ; son exploitation sera ruineuse, pour de multiples raisons détaillées dans un mémoire accablant, rédigé en 1714 : « Les juments et les pouliches sont au parc d'en bas où les foins sont fort mauvais, n'étant que d'herbes aigres, lequel parc est si éloigné des pâtures que pendant l'hiver où elles ne peuvent sortir que vers 10 heures du matin et [sont] obligées de rentrer avant la nuit, elles passent une partie de la journée à aller et venir et, par conséquent, n'ont pas le temps de paître [...]. Les juments pleines sont au parc d'en haut où est le meilleur foin, mais malheureusement en très petite quantité [...]. Les pâtures du parc d'en bas sont dans des bruyères ou si mauvaises qu'elles ne peuvent soutenir les bêtes qui y paissent, à plusieurs desquelles on est obligé de donner de l'avoine pour les empêcher de mourir, tombant dans une maigreur si prodigieuse qu'il faut quatre ou cinq hommes pour les lever, tous les jours, et quelquefois jusqu'à sept ou huit. »

Le manque de pâturages impose de laisser paître les chevaux dans la proche forêt de Monfort, ce qui les expose à de nouveaux périls, dus aux chasses

Le château de Saint-Léger-en-Yvelines. Commandé par Henri II, il est transformé par Henri IV en un vaste haras englobant le village. Son importance dans le plan de redressement des haras royaux est telle que le roi le fait peindre, entre 1600 et 1604, par Toussaint Dubreuil, sur les murs de la galerie aux Cerfs du château de Fontainebleau.

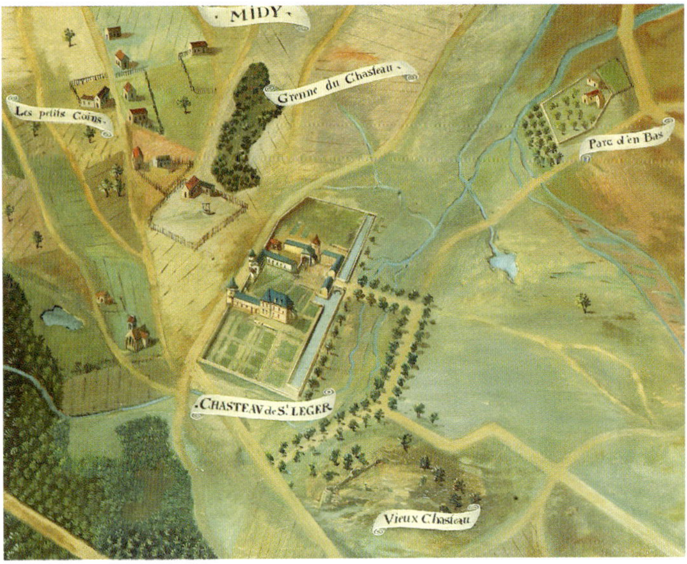

fréquentes du duc de Chevreuse, puis du comte de Toulouse, propriétaires successifs de la forêt. Autre désavantage, le territoire de Saint-Léger ayant été cédé en 1691 au duc de Chevreuse, il fallait verser à celui-ci 3 000 livres de dédommagement annuel pour l'occupation de son domaine par le haras royal. Fort de ces raisons, le roi fit alors chercher « dans les dépendances de ses domaines un lieu plus tranquille que ledit Saint-Léger pour établir ledit haras » (lettres patentes du 27 mars 1717).

Les origines du haras du Pin

La recherche d'un nouveau lieu pour le haras du roi fut confiée en 1714 à François Gédéon de Garsault♦, capitaine du haras royal et descendant d'Antoine Gédéon, capitaine du haras d'Henri IV. Après les provinces de l'Est et du Nord, le Limousin et le Poitou, le prospecteur royal visita la Normandie, depuis longtemps célèbre pour la qualité de ses chevaux. Après avoir porté son attention sur la forêt de Brotonne et le pays d'Auge, il arrêta son choix sur le pays du Merlerault, réputé pour ses pâturages et ses eaux chargées de chaux et de fer, donnant du squelette et de la nervosité aux excellents chevaux qu'on y élevait depuis le Moyen Âge. Il désigna la forêt d'Exmes et la terre voisine du Pin comme le meilleur endroit pour transférer le haras du roi : « Le terrain en est d'une qualité et d'une nature parfaitement convenables au haras. Il y a, au milieu de ce Buisson ou Haye, une prairie [dont] la plus forte partie appartient à M. de Nointel, conseiller d'État et seigneur de la terre du Pin qui y est contiguë [...]. M. de Nointel consent de céder cette terre et ce qui en dépend si Sa Majesté veut bien lui donner en échange un domaine de pareille valeur. [...] Par ce moyen le haras se trouverait établi dans des domaines appartenant au roy dans un pays beaucoup meilleur et plus convenable que celui de Saint-Léger. » (*Nouveau projet pour la translation du haras du roy établi à Saint-Léger*, 1715.)

Un arrêt du Conseil d'État, en date du 2 avril 1715, ordonna donc le transfert du haras royal dans la forêt d'Exmes et sur les terres de la seigneurie du Pin. Le 20 mai, par-devant notaires, avait lieu l'échange, entre le roi et M. Béchameil de Nointel♦, de la terre du Pin contre les domaines de Noyelles-sur-Mer, d'Hermont et de Coutteville, situés en Picardie.

Cette source situe précisément et d'une manière irréfutable la fondation du haras d'Exmes (appelé « haras du Pin » depuis la Révolution) à l'extrême fin du règne de Louis XIV, quelques mois seulement avant la mort du monarque, survenue le 1er septembre 1715.

♦***Garsault :*** *le nom de cette dynastie d'écuyers de la Grande Écurie fut donné à une cour du haras du Pin.*

♦***M. Béchameil de Nointel :*** *l'ancien seigneur du Pin, par ailleurs inventeur de la célèbre sauce, laissa son nom à une cour du haras.*

Robert de Cotte, architecte du haras de Louis XIV

Portrait de Robert de Cotte, par Hyacinthe Rigaud, huile sur toile, fin XVIIe-début XVIIIe siècle (Paris, musée du Louvre).

Depuis le début du XXe siècle, tous les auteurs attribuent au ministre Colbert l'acquisition de la seigneurie du Pin dès la promulgation de l'arrêt du Conseil d'État créant l'administration des haras en 1665, et à l'architecte Jules Hardouin-Mansart la conception de l'édifice dont la construction aurait été différée jusqu'en 1716 ou 1718 à la suite de difficultés financières. Louis XIV, Colbert, Mansart : à ces noms illustres du Grand Siècle, les amoureux de l'art français du XVIIe siècle ajoutèrent celui de Le Nôtre comme ordonnateur des jardins et des avenues. Or en 1715, lorsque Louis XIV acquiert la seigneurie du Pin, Colbert est mort depuis trente-deux ans (1683), Le Nôtre depuis quinze ans (1700), et Hardouin-Mansart depuis sept ans (1708). Comment ces derniers auraient-ils pu concevoir et dessiner les plans de bâtiments, d'allées et de jardins adaptés à un site que rien, de leur vivant, n'avait jamais désigné comme futur emplacement d'un haras royal ?

De la légende à la connaissance

Dans sa monumentale *Histoire de l'architecture française* (1948), Louis Hautecœur indique qu'un architecte dénommé Mousseux a « bâti le haras du roi en Normandie », sans identifier ce dernier avec le haras du Pin que cet éminent auteur attribue par ailleurs lui aussi à Mansart. Cette information provenait d'un rapport de Jacques Gabriel au sujet de la reconstruction de Rennes après l'incendie qui avait ravagé la ville en 1720. Le roi avait envoyé Gabriel, premier ingénieur des Ponts et Chaussées, régler le différend opposant la municipalité de Rennes à Isaac Robelin, ingénieur de la marine à Brest, chargé de reconstruire la ville. Après une enquête, Gabriel avait rédigé un rapport en date du 26 janvier 1725, où il plaçait en tête des personnes susceptibles de remplacer Robelin « le sieur Mousseux, architecte estably à Rennes depuis quelques années ». « Il est bon architecte, ajoutait Gabriel, il a fait le haras du roy en Normandie, qui est un bâtiment considérable, et plusieurs autres ouvrages de conséquence. » Le seul haras du roi en Normandie est alors le haras d'Exmes.

Un document, récemment découvert aux Archives nationales, confirme bien la présence de Pierre Le Mousseux au Pin en 1718. Dès 1717, un long remembrement avait été entrepris en vue d'agrandir le domaine du haras : plusieurs terres voisines de celui-ci ou enclavées dans son territoire avaient été peu à peu annexées, soit pour étendre les pâturages indispensables aux chevaux, soit pour faciliter leurs déplacements en évitant qu'ils aient à traverser des parcelles privées. Parmi les nombreuses pièces concernant l'extension du domaine, qui se poursuivra jusqu'en 1757 par l'adjonction de la paroisse de La Cochère, un procès-verbal du 13 décembre 1719 dresse une liste de trente-quatre particuliers consentant à vendre ou échanger des terrains enclavés dans le périmètre du haras. Parmi eux figure « M. Pierre Mousseux, architecte du roy », devenu propriétaire, le 9 février 1718, d'une terre au hameau des Genêts, proche du haras, qu'il accepte d'aliéner. Le document, contresigné par les trente-quatre propriétaires recensés, porte la signature de l'architecte, orthographiée « Le Mousseux ».

La présence de Le Mousseux au Pin ainsi attestée pour une période d'environ deux ans, s'étendant du 9 février 1718, date où il achète une terre, au 13 décembre 1719, date où il signe le procès-verbal l'engageant à s'en dessaisir, corrobore donc l'affirmation de Gabriel qui le désignait comme l'architecte du haras du roi en Normandie.

Aujourd'hui oublié, Pierre Le Mousseux dut jouir d'une réputation honorable. Ses origines sont obscures. Il administrait les domaines du comte de Toulouse en Bretagne, où ce dernier était gouverneur. Son talent était reconnu, à en juger par l'importance des chantiers qu'il dirigea pendant environ vingt-cinq ans, entre 1715 et 1740. D'abord, en Normandie, il construisit le haras du Pin, puis, en Bretagne, il succéda à Robelin à partir de 1725, grâce à l'appui de Gabriel, pour la reconstruction de Rennes, et il réalisa les dessins de plusieurs grandes demeures et hôtels particuliers rennais. En Bourgogne, Gabriel lui confia, en 1733, la surveillance des nouveaux travaux du palais des États à Dijon. Il quitta la capitale bourguignonne en septembre 1739, sans qu'on sache ce qu'il devint. Les grands chantiers de Rennes et de Dijon, que lui obtint ou lui confia Gabriel, démontrent les liens professionnels étroits qui unissaient les deux hommes.

Robert de Cotte, premier architecte du roi

C'est auprès de son beau-frère, Jules Hardouin-Mansart, premier architecte de Louis XIV depuis 1681, que Robert de Cotte (1656-1735) commence sa carrière comme commis et collaborateur. À la mort d'Hardouin-Mansart, en 1708, de Cotte lui succède dans la charge de premier architecte du roi. À ce titre, il intervient sur tous les grands chantiers de la fin du règne de Louis XIV : chapelle du château de Versailles, église paroissiale à Saint-Germain-en-Laye, transformations des pavillons du château de Marly, etc. Sa charge ne l'empêche pas de répondre à des commandes privées et de restaurer, par exemple, les hôtels de Bretonvilliers et de Toulouse à Paris. Les cours princières européennes – de Bonn, de Francfort, de Madrid ou de Rivoli, notamment – font également appel à lui. Il a encore bien d'autres monuments à son actif, comme le château d'eau du Palais-Royal, construit en 1710 pour la Ville de Paris ou le château de Saverne pour le prince-évêque de Strasbourg. Le talent attesté dans ces œuvres s'exprime surtout dans l'art de la distribution et le réagencement de bâtiments anciens.

Dès 1685, de Cotte s'essaye à l'architecture équestre lorsque son beau-frère lui confie le chantier des nouvelles écuries à côté de la cour du Cheval-Blanc, au château de Fontainebleau. Il reconstruit en 1690 les communs du château d'Ancy-le-Franc et, à partir de 1717, crée près des Tuileries un grand manège d'environ 62 mètres de long, soit 10 mètres de plus que celui du Pin, pour le jeune Louis XV.

Ch. M.

Portail central des Petites Écuries du château de Versailles.

Du plan à l'exécution

Constructeur du haras, Pierre Le Mousseux en était-il aussi l'auteur ? La réponse est donnée par un devis des ouvrages de maçonnerie qu'« il convient de faire pour la construction des bâtiments du haras du roy [...] suivant les plans, profils et élévations qui en ont été faits, le tout par [...] Robert de Cotte [...], premier architecte des bâtiments de Sa Majesté », devis daté du 20 mai 1717. Ce document ne laisse plus de doute sur l'identité du créateur du haras, ni sur le rôle de Pierre Le Mousseux, qui y est cité comme architecte d'exécution, rôle confirmé par un « procès-verbal de devis des bâtiments et ouvrages dressé par le sieur Mousseux, architecte ».

La construction du haras au XVIIIe siècle

Les documents d'archives permettent de situer précisément la création du haras en 1715 et d'observer deux étapes dans sa construction : l'édification de la plus grande partie des bâtiments entre 1715 et 1724 ; l'achèvement du haras dans la seconde moitié du XVIIIe siècle.

Les travaux n'ont pu débuter qu'après l'acquisition de la seigneurie du Pin par Louis XIV, le 20 mai 1715. Selon un *Mémoire sur l'installation du haras royal au Buisson d'Exmes*, adressé au cardinal de Fleury, les chevaux transférés de Saint-Léger, au nombre de deux cents, entrèrent au Pin le 1er mai 1717. Cette arrivée suppose donc que les écuries ont été élevées en premier. Un devis des « ouvrages restant à faire », en date du 20 mai 1717, confirme ce point : aucune écurie n'y est citée. En revanche, le grand corps de logis, ou château, la maison du Pavillon, celle des Cuisines et les galeries reliant l'ensemble y sont mentionnés et décrits. Leur achèvement est alors prévu « pour la fin de l'année 1719 ». On ne sait si ce délai fut respecté, mais l'analyse d'un « état de supplément de dépense », rédigé en septembre 1724 et détaillant l'entretien des couvertures et différents travaux de maçonnerie, menuiserie et charpente, indique clairement que le gros œuvre était terminé et les bâtiments couverts à cette date. Ces documents livrent en outre l'identité de l'entrepreneur en maçonnerie qui exécuta les travaux : Abraham Saillant, maçon à Exmes.

La comparaison entre les plans les plus anciens actuellement connus révèle que l'édifice n'est parvenu à son parfait état d'achèvement que dans la seconde moitié du XVIIIe siècle. En effet, le plan général du

Élévation du château, dessinée par Robert de Cotte au bas du devis des ouvrages de maçonnerie établi le 20 mai 1717 (Paris, Archives nationales, minutier central).

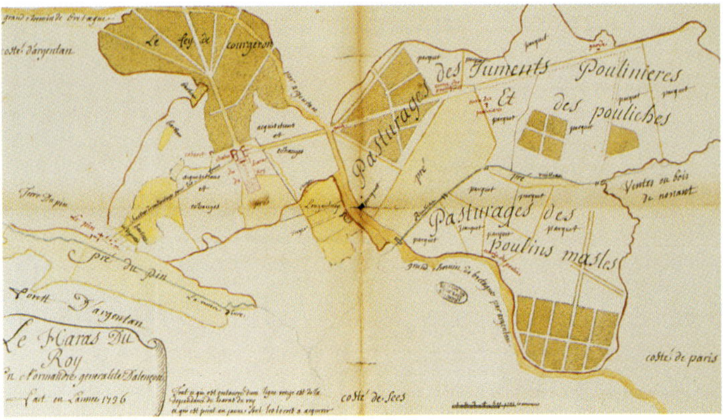

Plan effectué en 1736, montrant le tracé de l'ancienne route (Paris, Archives nationales).

haras, joint au devis de Robert de Cotte de 1717, montre les cours latérales ouvertes sur la campagne, à l'est (actuelles cours Lambesc et d'Abzac) et à l'ouest (cour d'Aure, cour Garsault). Il en est de même, en 1736, sur un plan dessiné pour l'agrandissement du domaine et, en 1749, sur l'Atlas de Trudaine.

Ce n'est que sur un plan dressé en 1807 par l'ingénieur Desessart que l'édifice apparaît définitivement achevé : la fermeture des cours secondaires a été réalisée par la construction, à l'est, de l'écurie de la Voûte (écurie n° 6), des petites infirmeries des chevaux (box extérieurs) et de l'écurie des Chartiers (cour d'Abzac – voir p. 44). À l'ouest, les cours secondaires sont désormais limitées par un logement, appelé « le Pavillon », une écurie dite « écurie du Pavillon » (écurie n° 4), un petit manège (écurie n° 5) et un grand manège (manège actuel) de 100 pieds de long. Installé au Pin en 1784, Charles Eugène de Lorraine, prince de Lambesc, grand écuyer de France et directeur général des Haras du roi, très attentif à l'amélioration des races de selle par l'infusion de sang anglais, fit élever ce grand manège entre 1785 et 1790 pour essayer les étalons « dont aucun n'était établi au haras qu'il ne l'eût auparavant monté et se fût assuré lui-même de sa supériorité » (Jules Robillard de Beaurepaire).

Des différences très visibles dans le traitement des élévations extérieures de ces diverses adjonctions confirment bien qu'elles appartiennent à une deuxième campagne de travaux, effectuée dans la seconde moitié du XVIIIe siècle : la partie basse des murs, en pierre de taille, est talutée♦ et surmontée d'un épais cordon et les toits sont dotés de lucarnes.

La composition du haras s'ordonne selon un axe nord-sud autour d'une belle cour d'honneur limitée au sud par un château, logis du directeur, et bordée sur les côtés par deux grandes écuries, de plan allongé : à l'ouest, l'écurie des Grands-Étalons

♦***Mur taluté :*** *mur ayant une face oblique par rapport à la verticale.*

(écurie n° 2), réservée aux chevaux de selle; à l'est, l'écurie des Petits-Étalons (écurie n° 1), destinée aux chevaux de carrosse. Accolés aux extrémités nord de ces écuries, deux corps de bâtiment en arc de cercle terminés par des pavillons, abritant des logements, la sellerie et l'horloge, donnent à l'ensemble la forme caractéristique d'un U ou d'un fer à cheval.

Portrait de Charles Louis de Lorraine, prince de Lambesc, grand écuyer de France de 1761 à 1789. Depuis 1643, cette charge prestigieuse n'était pas sortie de la maison de Lorraine. Une cour du Pin perpétue le souvenir du prince de Lambesc, qui a dirigé le haras. Par Laurent Cars, huile sur toile, XVIIIe siècle (château de Versailles).

Des bâtiments et cours secondaires complètent ce dispositif central et forment avec lui une vaste composition alvéolée et symétrique. À l'est, l'écurie des Poulains (écurie n° 3), sans division interne, où les jeunes chevaux étaient en liberté avant l'installation de box en 1881; l'écurie de la Voûte (écurie n° 6); les petites infirmeries des chevaux (box extérieurs, cour Lambesc); l'écurie des Chartiers; la maison des Cuisines; des bûchers, celliers et une faisanderie (à l'est de la cour d'Abzac). À l'ouest, l'écurie de la Chaîne, compartimentée en vingt-quatre stalles, transformée pour y installer l'École des haras en 1841; le petit et le grand manège; l'écurie du Pavillon; la maison du Pavillon; l'Écurie jumelle (laboratoire d'insémination artificielle).

Dès les débuts des travaux, une chapelle avait été édifiée au lieu-dit du Haut-Bois sur l'ordre du roi et dédiée à Saint Louis. Elle fut l'objet d'une première visite pastorale en 1718. Aucun vestige n'en subsiste aujourd'hui. Son éloignement, bien que relatif, dut la faire abandonner très tôt et remplacer par une autre, citée en 1741 comme « chapelle domestique », aménagée dans le haras même, au revers de l'extrémité sud de l'écurie des Grands-Étalons (écurie n° 2), comme le montre le plan dressé en 1807; son campanile est encore visible.

Vue arrière du château. Les jardins et l'ancien potager sont bordés d'un mur comme sur le plan de 1736 (Caen, bibliothèque municipale).

12 | **Plan et dénominations des bâtiments du haras du Pin,** par Desessart, 20 juillet 1807 (Alençon, archives départementales).

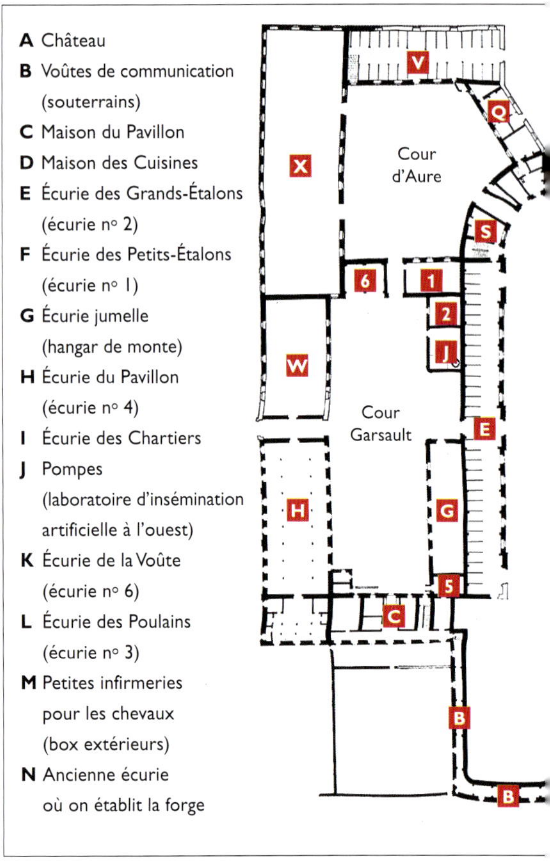

Au cours du XVIIIe siècle furent également bâties trois annexes indispensables à la vie du haras. Les deux premières furent élevées en même temps que lui ou peu après, car elles figurent sur le plan de 1736 : au nord-ouest, face aux bâtiments principaux, un cabaret-auberge, transformé en 1907 en infirmerie vétérinaire ; plus éloignée vers l'est, l'écurie du Parquet, ou jumenterie. La troisième, au nord-est, faisant pendant au cabaret, était la maison du maréchal expert – nom du vétérinaire au XVIIIe siècle –, devenue auberge du Tournebride. Ne figurant ni sur le plan de 1736, ni dans l'Atlas de Trudaine de 1749, elle a été construite après cette dernière date. Restaurée en 1806, elle a été augmentée plus tard de trois travées à l'est.

Le plan de 1736 montre, dans l'axe de la cour d'honneur et face à l'entrée du haras, une seule allée (l'allée Louis-XIV), au lieu des trois qui formeront plus tard la patte-d'oie dans laquelle certains auteurs ont vu, à tort, la marque de Le Nôtre. Les deux allées rayonnantes visibles sur l'Atlas de Trudaine n'ont été tracées qu'autour de 1767, lors du percement de la route conduisant de Verneuil à Argentan.

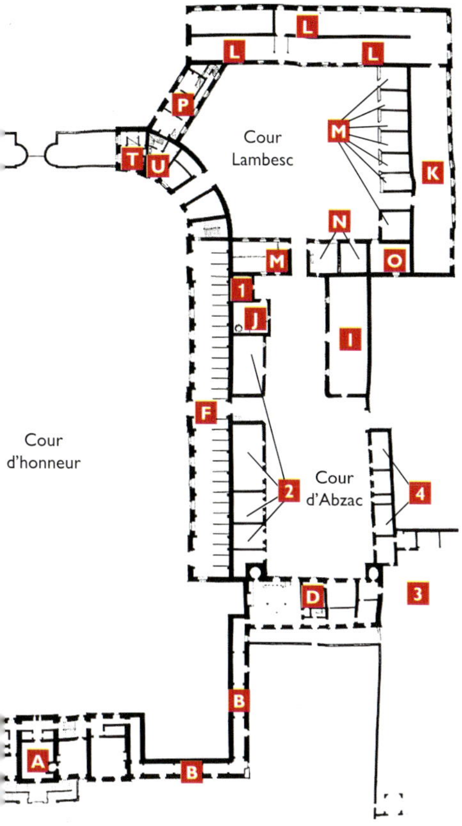

O Charbonnier de la forge
P Bâtiment de la gendarmerie
Q Bâtiment correspondant à celui de la gendarmerie
R Logement du surveillant
S Sellerie
T Bâtiment de l'Horloge
U Ancien logement du régisseur
V Écurie de la Chaîne (accueil)
W Petit manège (écurie n° 5)
X Grand manège (manège)
1 Écuries particulières
2 Bûchers et celliers
3 Faisanderie
4 Toits à porcs
5 Caveau sous la chapelle
6 Remise

(Les dénominations entre parenthèses et le nom des cours sont contemporains.)

Anticipant sur la loi du 31 août 1790 abolissant le régime prohibitif des haras, l'assemblée du département de l'Orne réclama, dès 1789, la fermeture du haras et la destruction des bâtiments inutiles. Cette dernière injonction ne fut pas exécutée. La vente des étalons, appartenant désormais à la nation, fut ordonnée.
Une grande pénurie de chevaux s'ensuivit, aggravée par les pertes dues aux guerres de la République contre l'Autriche, l'Angleterre et leurs alliés. Il fallut bientôt rétablir sept dépôts d'étalons, dont celui du Pin, pour produire des chevaux propres à la cavalerie.
Illégalement occupé par des particuliers, le haras avait été pillé et endommagé. Avant l'arrivée des nouveaux étalons, des réparations urgentes furent faites aux principales écuries de la cour d'honneur au début de l'année 1795, pour une somme de 17 229 livres. Elles furent confiées à Nicolas Gondouin, architecte à Argentan, auteur des châteaux de Tréprél, d'Assy et du Tertre, dans le Calvados, et de l'hôtel de ville, de l'hôtel Saint-Léonard et du château de Ménilriant, à Falaise.

J.-L. L.

Quel modèle architectural pour le premier haras du roi ?

Concevoir un haras pose un problème inédit au début du XVIIIe siècle : le programme architectural des écuries, associées aux dépendances d'un château ou d'un hôtel particulier, est, certes, bien connu ; en revanche, la construction d'un complexe monumental, autonome, dédié entièrement au cheval et à l'amélioration de la race équine dans le giron royal est une première. L'agence des Bâtiments du roi, au Pin, répond avec ingéniosité à ce programme, mais sans audace. Le parti adopté par Robert de Cotte consiste à utiliser le modèle traditionnel du château, dévolu au directeur, pour en développer les bâtiments de communs afin d'y loger un nombre important de chevaux. C'est pour cette raison que, dès l'entrée, les fossés secs, attributs caractéristiques du château, flanqués de pavillons, accueillent le visiteur. La grille d'honneur, sommée à l'origine des armes du roi (remplacées aujourd'hui par une tête de cheval dorée), rappelait l'essence royale du domaine. Le corps de logis, magnifié par sa position au fond de la cour, forme le cœur du dispositif symbolique de l'ensemble et constitue un morceau de bravoure architecturale. Par sa haute silhouette, ses murs en pierres et moellons enduits de blanc, il tranche sur l'architecture des écuries, plus basses, bâties en brique, matériau plus rustique et moins onéreux que la pierre. Image de l'autorité royale prolongeant le système féodal, le château affichait clairement, au centre de sa façade

Le château et sa mise en scène entre les deux ailes des écuries principales.

principale, qui en était l'illustre maître : il arborait les armes de France, sculptées sur le tympan du fronton et encadrées de guirlandes de laurier.

L'implantation du haras du Pin, au cœur de la Normandie, donc fort loin du faste de la cour et de Versailles, n'impliquait pas pour le roi une obligation d'y édifier de grandioses bâtiments. La disette budgétaire qui a marqué la fin du XVIIe siècle explique par ailleurs le choix d'une certaine sobriété pour les nouveaux bâtiments. Le haras sera, par conséquent, une architecture utilitaire, mais digne, susceptible de recevoir un haut serviteur de l'État, mais en aucun cas le roi en personne. Le château prend donc l'aspect d'une demeure de gentilhomme provincial, sans décor sculpté, à l'instar de tant de châteaux contemporains – le château voisin de Feillet (Orne) par exemple – qui présentent la même ordonnance : un avant-corps central précédé par deux pavillons latéraux. Malgré sa retenue, l'architecture du haras du Pin révèle, par l'harmonie et l'équilibre de ses lignes, l'intervention d'un grand architecte à l'apogée de son talent. Les proportions de la vaste cour d'honneur, conférant une réelle majesté à la composition, d'une part, et la parfaite régularité des écuries, d'autre part, forment un écrin splendide au château. Hormis le décor extérieur, limité, seuls de généreux épis de faîtage et quelques lucarnes donnent un semblant de fantaisie aux bâtiments.

Ch. M.

Les épis de faîtage participent à la majesté des pavillons.

Les agrandissements des XIXe et XXe siècles

Au début de l'année 1804, une violente tempête endommagea gravement les bâtiments, obligeant à restaurer les maçonneries, les enduits, les charpentes, les couvertures, les lucarnes et le mur de face de l'écurie des Grands-Étalons, pour lequel un devis supplémentaire fut dressé le 27 août 1807. Ces travaux s'achevèrent en juillet 1808.

Le haras, devenu impérial par décret du 4 juillet 1806, connaît, au XIXe siècle, une importance sans cesse accrue. Au cours de la première moitié du siècle, l'intense activité du Pin est grandement liée au développement des courses de chevaux. Ces dernières, introduites en France sous le règne de Louis XVI, ne connurent un plein essor que sous la Restauration. Le Pin joue alors un rôle déterminant dans l'élaboration de races spécifiques de coureurs : le pur-sang pour le galop et le demi-sang pour le trot. Plusieurs grandes figures du monde équestre se succèdent à la tête du haras durant cette période : de 1811 à 1818, le chevalier d'Abzac♦; de 1818 à 1832, le baron Gabriel de Bonneval, qui importe des poulinières anglaises et privilégie les croisements avec des étalons arabes; son successeur, M. Perrot de Thanberg, muté en 1839 au haras de Rosières-aux-Salines (Lorraine), à la suite

♦Chevalier d'Abzac : *une cour du Pin rend hommage tant au chevalier d'Abzac, directeur du haras, qu'à son frère le vicomte d'Abzac, célèbre écuyer de l'école de Versailles qui marque l'apogée de l'équitation ancienne, née en Italie au début du XVIe siècle.*

La Visite de l'Empereur au haras du Pin, gravure de F. Thorigny parue dans *Le Monde illustré*, 1863, représentant la réception de Napoléon III au château (Alençon, archives départementales).

des succès remportés sur les champs de courses par les chevaux du Pin au détriment de l'élevage privé. À cette date, les meilleures pensionnaires de la jumenterie sont envoyées au haras de Pompadour (Limousin) où elles formeront la souche de la race anglo-arabe. Les échanges entre les deux principaux haras publics se poursuivront avec l'arrivée au Pin d'Eugène Gayot (1840-1843) puis d'Antoine de Lespinats (1843-1847), précédemment directeurs du haras de Pompadour. Éphraïm Houel, leur successeur (1847-1850), qui avait été le promoteur des premières courses au trot dans le département de la Manche, est très attentif à l'enseignement dispensé dans l'École des haras, installée au Pin en 1841, avant qu'elle ne disparaisse en 1852.

L'activité du haras culmine sous le Second Empire. Son rôle de premier plan est mis en évidence à l'occasion d'une visite officielle de Napoléon III en 1863. Ce dernier avait ordonné des transformations à l'intérieur du château en 1861 « afin d'y recevoir d'augustes hôtes et offrir une confortable réception aux étrangers qui viendront visiter un établissement si digne d'intérêt et que les éleveurs considèrent comme le modèle le plus parfait qui existe en ce genre ».

Petit salon, actuel salon des Grisailles. Carte postale ancienne (coll. Tanneguy de Sainte-Marie).

La tour des Commissaires de l'hippodrome, réalisée par les architectes Achier et Pesnel. Carte postale ancienne (coll. Tanneguy de Sainte-Marie).

♦*Comte d'Aure : une controverse partagea le monde équestre du XIXe siècle entre dauristes et bauchéristes. Le comte d'Aure et François Baucher créèrent deux écoles d'équitation rivales. L'équitation dauriste, dite « instinctive régularisée », inaugurée à Saumur en 1847, est à l'origine de l'équitation sportive contemporaine ; l'équitation bauchériste, exigeant du cheval une plus grande soumission, est expérimentée dans l'armée en 1842.*

Cet extraordinaire développement de la production équine se matérialise par une sorte d'éclatement du haras, jusque-là contenu dans les bâtiments du XVIIIe siècle : sur toute l'étendue du domaine, des constructions nouvelles apparaissent jusqu'à la Première Guerre mondiale.

Dès 1820, au lieu-dit de la Bergerie, à l'est du haras et à l'extrémité d'une magnifique allée rectiligne de 3 kilomètres, est aménagée une piste de 2 000 mètres pour des courses de chevaux, selon un plan de l'ingénieur Bétourné. Ce premier hippodrome, dont le comte d'Aure♦ rectifiera le tracé, sera inauguré en 1823 et complété en 1824 de pavillons et tentes en charpente couverte d'ardoise d'Angers, dessinés par Bétourné. Ces derniers seront remplacés en 1875 par des tribunes dues aux architectes Achier et Pesnel. Pour desservir l'hippodrome, l'architecte Charles Arnoul érige en 1881, près de ces tribunes, un bel ensemble regroupant autour d'une cour rectangulaire un logis et une écurie de vingt box répartis en deux ailes symétriques.

À l'ouest, au Vieux-Pin, l'ancien manoir du XIVe siècle, devenu maison des vétérinaires au début du XIXe siècle,

Les tribunes de l'hippodrome, réalisées par les architectes Achier et Pesnel. Carte postale ancienne (coll. Tanneguy de Sainte-Marie).

est rasé en 1825 pour faire place à une ferme, dite « ferme du Pin », œuvre de Laumonier, architecte à Argentan. L'église paroissiale Saint-Ouen est aliénée en 1857 et transformée en écurie pour les étalons dont les stalles, désormais vides, sont toujours visibles. Déclarée en 1763 par Jean Rémond Lefèvre, architecte et inspecteur des bâtiments du haras, comme étant « en totale ruine », ainsi que le presbytère voisin, elle avait été reconstruite en 1779.

Avant 1844, date où elles sont mentionnées comme annexes de la jumenterie, des écuries sont édifiées aux Charmettes et à Borculo; ce dernier lieu emprunte le nom d'un haras hollandais évacué en novembre 1813 et dont les étalons échurent au Pin.

Entre 1863 et 1866, l'architecte Amiard, de Flers, bâtit un minuscule village pour le personnel du haras, comprenant, autour d'une église, un presbytère, une mairie-école et quelques maisons d'habitation. Le village prit le nom de « Pin-Fleury » en souvenir de l'aide apportée par le général Fleury, ministre de la Maison de l'Empereur. Il sera complété par une petite cité formée de logements symétriquement

Le Pin-Fleury, église et presbytère. Le général Fleury étant tombé en disgrâce, le village prendra par la suite le nom de « Pin-au-Haras ». Carte postale ancienne (coll. Tanneguy de Sainte-Marie).

Le Pin-Fleury, maisons du village. Carte postale ancienne (coll. Tanneguy de Sainte-Marie).

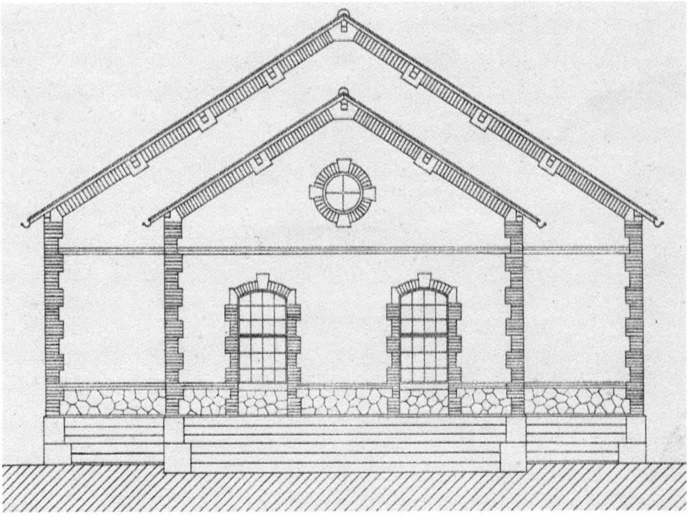

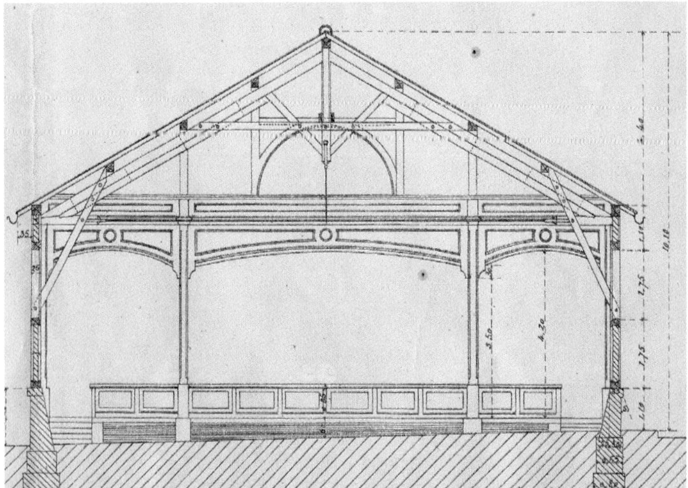

ordonnés autour d'une place et réalisés par l'architecte Sandret à la demande du vicomte du Pontavice de Heussey, directeur du haras de 1893 à 1911.
Entre septembre 1879 et juillet 1880, tout près du haras, au milieu des arbres plantés à l'est de l'allée Louis-XIV, des écuries sont édifiées sous le nom d'« écuries du Bois ». Elles sont remplacées entre 1904 et 1906 par de nouvelles écuries et une maison d'habitation, dues à l'architecte Sandret. En 1906 et en 1907 sont adjoints à cet ensemble une forge, un hangar de ferrage et deux logements attenants, puis, en 1908, deux petits magasins à fourrage et des clôtures. L'École nationale professionnelle des haras y est actuellement logée.
Au sud-est du haras, en 1881, l'architecte Charles Arnoul construit des remises à voitures dans la cour de la Bascule et élève, autour de la cour du Parc-aux-Daims, trois écuries (nos 7, 8 et 9) et un hangar de monte (aujourd'hui salle Géricault) où les juments étaient présentées aux étalons pour les saillies.
Au nord-ouest du haras et en pendant aux écuries du Bois – sur l'emplacement du cabaret-auberge du XVIIIe siècle dont sont conservés seulement le logis de brique à lucarne circulaire, antérieur à 1736, et une borne fontaine –, Sandret bâtit, en 1907-1908, une infirmerie vétérinaire autour d'une cour rectangulaire fermée, avec remise, bureau-pharmacie, hangar d'opérations et box. Cette infirmerie jouxte un monumental magasin à fourrage construit après 1863 en brique et pierre, dans un beau style néoclassique.
La période contemporaine, pour répondre à des besoins nouveaux, a ajouté à cet exceptionnel ensemble un grand manège couvert (1970) aux écuries du Bois, puis des écuries pour les chevaux de l'École des haras (1985-1986) et des écuries à la jumenterie (1990-1991).

J.-L. L.

Page précédente
Écurie de la cour du Parc-aux-Daims, élévation latérale par l'architecte Charles Arnoul (Alençon, archives départementales).

Hangar de monte édifié par l'architecte Charles Arnoul dans la cour du Parc-aux-Daims. Élévation extérieure (à gauche) et intérieure (à droite), et coupe de la tribune (Alençon, archives départementales).

Le Pin, monument historique

Le domaine du Pin – 1 112 hectares d'un seul tenant –, à cheval sur cinq communes, a été classé au titre des sites dès 1926. Les façades et toitures de l'ensemble des bâtiments formant le cœur du haras, les cours et jardins, la grille d'honneur, les douves à l'entrée de la cour principale et l'allée appelée « allée Louis-XIV » ont été classés au titre des monuments historiques en 1949. La totalité des autres bâtiments du domaine construits antérieurement à 1914 sur les communes du Pin-au-Haras, de La Cochère, d'Exmes et de Ginai ont été inscrits au titre des monuments historiques en 1995, à l'exclusion des édifices du Pin-Fleury et des maisons de la cité Pontavice.

J.-L. L.

Les Haras nationaux aujourd'hui

Philippe Gardie se préparant à revêtir l'uniforme des Haras nationaux.

Successivement royaux, nationaux, impériaux, puis de nouveau nationaux, les haras de l'État ont connu dans leur existence des hauts et des bas. Discutés à l'Assemblée nationale en 1875 comme en 1995, remis en cause dans le milieu du cheval durant les années 1830 ou actuellement, ils se sont réorganisés, ont été restructurés à intervalles réguliers.

Service déconcentré du ministère de l'Agriculture durant tout le XXe siècle, les Haras nationaux deviennent, par un décret du 2 juillet 1999, un établissement public à caractère administratif bénéficiant de l'autonomie de fonctionnement, ce qui doit leur permettre de mieux assurer leurs différentes missions au service de la filière équestre française.

La première d'entre elles consiste à assurer l'« état civil » des chevaux nés sur le territoire français – c'est l'identification – et à gérer l'ensemble des stud-books♦ des cinquante et une races reconnues en 2005 en France. Fournir des étalons aux éleveurs, et apporter une aide à la génétique de l'espèce, en est une autre, plus traditionnelle. Ce rôle d'étalonnage a pour objectif de maintenir une génétique française d'excellence, en partenariat avec les associations de races, et d'assurer le maintien de la biodiversité équine en soutenant quelques races à faibles effectifs. Aujourd'hui, les centres techniques – ou anciennes stations de monte – proposent des services en élevage, reproduction et soins aux équidés à tous les détenteurs de chevaux.

Les installations des haras nationaux (manèges, carrières, pistes d'extérieur, et parfois hippodrome comme au Pin) servent à l'organisation de manifestations sportives de tous niveaux et de toutes disciplines. L'ancienne appellation de « dépôt d'étalons » est ainsi remplacée par celle de « pôle hippique », justifiant leur utilisation pour des stages, des épreuves d'élevage ou

♦***Stud-book :*** *livre d'élevage contenant les références des étalons et des poulinières de chaque race, enregistrés avec leur production annuelle.*

sportives, et tout événement ou toute activité ayant un lien avec le cheval.
La mise en valeur du patrimoine (accueil du public, organisation d'activités éducatives, touristiques et culturelles) entre dans les missions essentielles de l'établissement public des Haras nationaux. Protégé au titre des monuments historiques par l'État, le haras du Pin est une vitrine et un repère pour la filière, dans une région et dans un département où l'économie du cheval est une réalité.

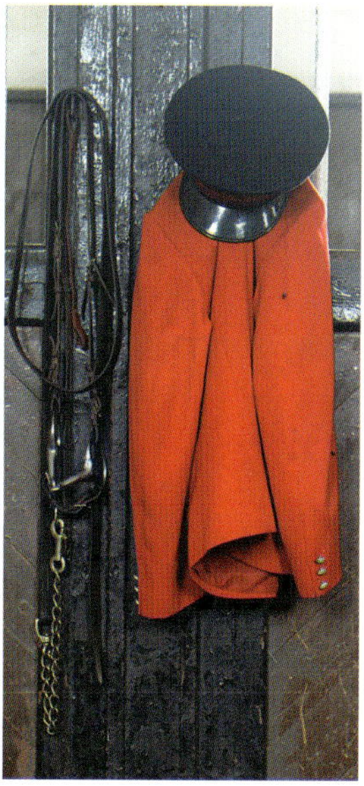

L'uniforme des Haras nationaux.

Les Haras nationaux se sont réorganisés en 2004. En 2009, ils étudient leur rapprochement avec l'École nationale d'équitation de Saumur. Ces changements visent à améliorer leur rôle de conseil technique, d'expertise, de formation, d'assistance et de suivi de dossiers auprès des services de l'État, des collectivités, des organismes professionnels ou des structures privées. Par ces nouvelles prestations diversifiées, ils sont au service de l'ensemble du monde du cheval.

B. M.

Attelage à six chevaux de selle français mené par Louis Basty lors d'un Jeudi du Pin (de juin à septembre).

Visite

Le Pin, monument historique

Des reprises ou des présentations de chevaux sont organisées dans la cour d'honneur.

La cour d'honneur

Ornée de ses rinceaux, volutes et fleurons, la grille d'honneur est sommée d'une tête de cheval et d'un médaillon dorés ; elle porte une abeille, symbole de Napoléon III. Les deux pavillons qui l'encadrent sont surmontés de lanternons, inventions pittoresques du XIXe siècle. Aussi appelée « cour Colbert », la cour d'honneur permet plastiquement de mettre à distance le château depuis le portail. Ce dernier, encadré de fossés secs et flanqué de deux pavillons symétriques, délimite l'enceinte noble du haras. La composition classique créée par Robert de Cotte (un plan rectangulaire aux angles arrondis du côté de l'entrée) et l'ordonnance régulière qu'il donne aux bâtiments rappellent la majesté et le pouvoir régulateur du roi. Espace de circulation, la cour d'honneur permet, grâce à ses vastes dimensions (50 sur 100 mètres), de présenter chevaux et équipages dans un cadre prestigieux et hiérarchisé. Le château est le seul bâtiment à étage ; il domine la cour par sa haute silhouette et contraste par sa blancheur avec les autres constructions.

Sur le plan d'exécution de 1717, cet isolement du château est renforcé par la présence d'un mur bas à l'aplomb de l'angle des pavillons méridionaux de la cour. L'architecture brique et pierre que l'on trouvait déjà au haras de Saint-Léger-en-Yvelines est ici réservée aux écuries, ponctuées de pavillons.

Accueil

L'ancienne écurie de la Chaîne, réaménagée en 1841 en École des haras, est dévolue depuis 2006 à l'accueil du public et dispose notamment d'une boutique et d'un salon de thé appelé « Degas », en hommage au peintre qui représenta le haras dans un de ses carnets.

Au XIXe siècle, un passage piéton est aménagé sur les fossés secs.

Vue extérieure, côté cour.

Le château

Le corps de logis, largement transformé au XIXe siècle, ne présentait pas à l'origine la transparence qui, en dégageant la vue vers le parc du Haut-Bois, en fait maintenant le charme. Deux appartements de parade, côté jardin, auxquels on accédait par un vestibule et une antichambre pris dans l'actuel hall du château, se trouvaient au rez-de-chaussée.
À gauche, la surface de l'actuelle salle à manger était occupée par une chambre et, côté cour, par un escalier de service. Toute l'aile gauche, au-delà, abritait la salle d'assemblée.
La distribution de la partie droite, en revanche, n'a pratiquement pas changé : le salon des Grisailles remplace la seconde antichambre de cet appartement et le salon des Tapisseries succède à la chambre de parade, qui était suivie d'un cabinet agrandi au XIXe siècle pour former le Salon rouge.
La distribution actuelle du rez-de-chaussée répond aux critères de confort du Second Empire ; les chambres disparaissent du rez-de-chaussée

Page suivante
Plan du rez-de-chaussée, dessiné par Robert de Cotte au bas du devis des ouvrages de maçonnerie établi le 20 mai 1717 (Paris, Archives nationales, minutier central).

au profit des salons d'apparat. Ainsi la séparation, entre les deux premiers niveaux du château, des espaces de réception et des lieux dédiés à la vie privée est-elle devenue très nette.

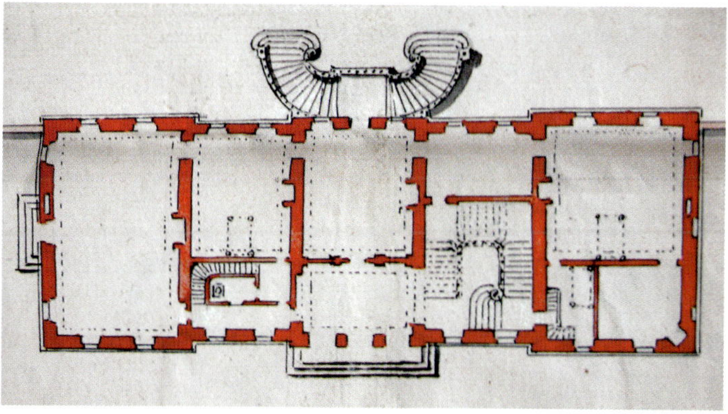

Coupe transversale du corps de logis, dessinée par Robert de Cotte, montrant la séparation du vestibule et de la première antichambre, 20 mai 1717 (Paris, Archives nationales, minutier central).

Le hall
L'entrée dans un hall spacieux et traversant, orné de panoplies de fers à cheval – qui rappellent les premiers succès des étalons du haras du Pin dans les compétitions hippiques –, commande l'accès à la salle à manger, puis à l'ancien bureau du directeur du haras. Le reste de l'aile gauche a reçu un aménagement moderne, pour la commodité du service.

La salle à manger
Les transformations du XIXe siècle ont permis de créer, à gauche du vestibule, une vaste salle à manger qui prend le jour à la fois sur la cour et du côté du jardin. Cette agréable pièce, au décor dépouillé, est ornée d'une niche qui abrite une cheminée prussienne, fort en vogue à l'époque de Napoléon III.

La salle à manger. Carte postale ancienne (coll. Tanneguy de Sainte-Marie).

Le salon des Grisailles
Situé à droite du hall, derrière l'escalier, le salon des Grisailles tire son nom des dessus-de-porte, dans le goût de Piat Joseph Sauvage (1744-1818) ou de François Boucher (1703-1770). Installés dans la première moitié du XXe siècle, ceux-ci représentent des allégories du Printemps et de l'Automne, sous la forme de jeux d'enfants.

Le salon des Tapisseries
On y trouve trois pièces de la somptueuse tenture de *L'Histoire de Renaud et Armide*, tissée vers 1630 d'après les cartons de Simon Vouet pour le château de Balleroy : *Ubald montrant son image à Renaud dans le bouclier de diamant*, *Les Chevaliers Charles et Ubald découvrant Renaud dans les bras d'Armide* et *Les Chevaliers Charles et Ubald à la fontaine du Rire*. Ce salon d'honneur contient également, outre une belle série de sièges Louis XV, plusieurs pièces prestigieuses, parmi lesquelles un portrait allégorique peint par Marc Nattier (père du portraitiste de Louis XV).

L'Enlèvement de Renaud, pièce de la tenture de *L'Histoire de Renaud et Armide*, d'après *La Jérusalem délivrée* du Tasse (détail).

La Fontaine du Rire, pièce de la tenture de *L'Histoire de Renaud et Armide* (détail).

Renaud dans les bras d'Armide, pièce de la tenture de *L'Histoire de Renaud et Armide* (détail).

Le Bouclier de diamant, pièce de la tenture de *L'Histoire de Renaud et Armide*.

Le Salon rouge
Terminant cette séquence de salons, cette salle contient la quatrième pièce de la tenture tissée d'après le roman du Tasse : *Armide aidée d'une suivante enlève Renaud endormi.* Créé lors des réaménagements du Second Empire, le salon présente des souvenirs du passage de Napoléon III au Pin, parmi lesquels une copie qu'il offrit au haras du portrait de Louis XIV par Hyacinthe Rigaud (1659-1743).

L'escalier d'honneur

On accède au premier étage du château par un escalier en pierre monumental, dessiné par Robert de Cotte. De conception traditionnelle, il se compose de quatre volées droites soutenues par un mur d'échiffre♦ ; sa rampe de fer forgé est probablement l'œuvre d'un ferronnier local. Le troisième repos, avant le palier, ouvre sur un corridor duquel part un escalier qui conduit à l'étage de combles, partiellement aménagé. L'escalier d'honneur mène, quant à lui, au bel étage, où l'on peut voir les deux chambres réservées au couple impérial lors de sa visite de 1863.

♦***Mur d'échiffre :*** mur bordant un escalier.

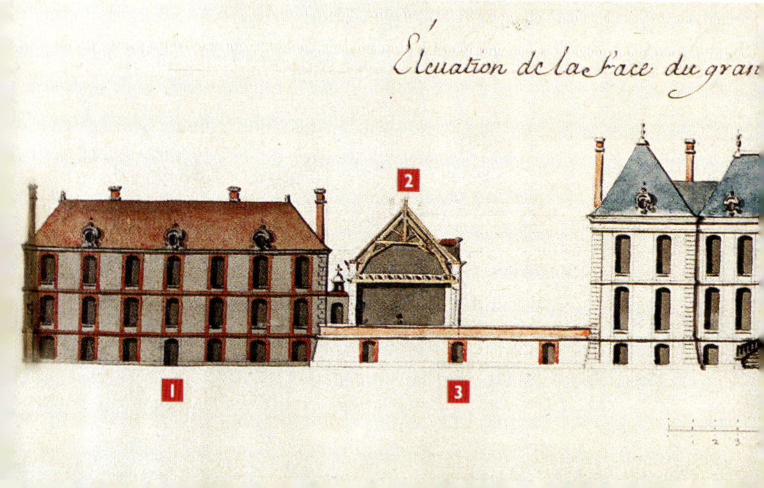

Le sous-sol
Le château, construit à flanc de coteau, comporte un important sous-sol entièrement voûté en brique et pierre où, en plus de caves et de réserves, on trouve les anciennes cuisines ainsi qu'une curieuse pièce, ouverte par une fenêtre sur la terrasse. Le soin apporté aux moulures sculptées dans la pierre de cette pièce laisse penser qu'il pouvait s'agir d'une salle de bains, élément de programme prisé dans la bonne société à l'époque de la Régence. Les différents espaces du sous-sol sont desservis par un couloir longitudinal, disposé du côté de la cour. Ce dernier, dont les extrémités sont aujourd'hui condamnées, conduisait, de part et d'autre, à des passages souterrains qui menaient aux deux maisons symétriques des Cuisines et du Pavillon. La présence de ces passages montre l'intensité des circulations entre le château et les communs ; ils permettaient au personnel de passer à couvert de l'un à l'autre, à l'insu des visiteurs.

Les quinconces

De part et d'autre du château, deux quinconces donnent une assise visuelle au château et assurent une transition entre le logis et les écuries. Des marronniers remplacent aujourd'hui les tilleuls plantés à l'origine, qui procuraient une promenade ombragée.

Les terrasses du château

La façade arrière du château ouvre sur une succession de terrasses d'où le visiteur embrasse la vue sur tout le superbe vallon. On y accède, depuis le rez-de-chaussée, par un escalier monumental reconstruit à la fin du XIXe siècle. Autrefois, une enceinte rectangulaire bordée d'un mur enfermait un jardin régulier (potager).

1 Maison du Pavillon
2 Écurie n° 2
3 Souterrains
4 Terrasse
5 Écurie n° 1
6 Maison des Cuisines

Élévation du château côté jardin, dessinée par Robert de Cotte, 20 mai 1717 (Paris, Archives nationales, minutier central).

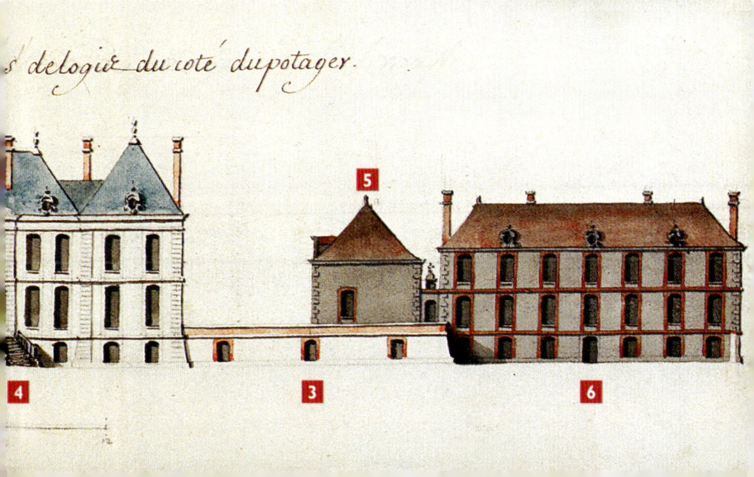

Le « Versailles du cheval »

Sobriété et simplicité caractérisent le haras du Pin, et pourtant sa splendeur lui vaut d'être surnommé le « Versailles du cheval ». D'où vient donc cette référence au château si orné du Roi-Soleil et cette majesté qui s'impose d'emblée au visiteur ? Du plan de Robert de Cotte, peut-on affirmer, et de l'organisation rigoureuse de l'espace, prévue dès l'origine. Ce plan est conçu pour que, du centre ou de la périphérie du haras, le regard embrasse l'immensité des écuries où vivent les plus prestigieux chevaux du royaume. Il ménage de subtiles perspectives en diagonales, magnifiées par une déclinaison savante de courbes et de

contre-courbes, d'une douceur infinie. En effet, depuis la cour d'honneur, les écuries principales déploient l'arrondi somptueux de leurs bras vers l'allée Louis-XIV et les pavillons qui les ponctuent sont percés de passages couverts, au travers desquels on aperçoit les cours secondaires et de nouvelles suites d'écuries. Depuis les cours latérales, le jeu des courbes s'inverse, les façades concaves sur la cour d'honneur se font convexes, et l'œil est cette fois dirigé vers les écuries principales dont les pavillons sont comme enchâssés dans l'arc des passages couverts. C'est tout l'art de Robert de Cotte : d'un plan servi par un usage délicat des matériaux (brique, pierre, terre cuite et ardoise), il a créé de la splendeur.

Harnais de travail marqués au « H » des Haras nationaux.

La sellerie d'honneur

Installée à l'emplacement d'une remise à voitures, avant 1807, la sellerie d'honneur, la plus prestigieuse des quatre selleries que compte le haras du Pin, abrite une collection de harnais et licols, toujours utilisés, confectionnés sur mesure pour chaque cheval. Les chaleureuses boiseries de chêne qui décorent cette pièce présentent une corniche raffinée, ornée de denticules, et des tables en réserve sur lesquelles sont présentés les harnachements. Outre un tableau de mors au fond de cette pièce, différentes selles sont exposées dont une selle française, une selle de voltige et également la selle de course de Georges du Breil, directeur du haras du Pin de 1942 à 1944.

Tandem d'étalons cobs normands, attelés à une charrette anglaise devant l'écurie n° 1.

Les écuries n°s 1 et 2

L'élévation de chacune des écuries sur la cour d'honneur est parfaitement identique. Trois pavillons encadrent deux corps de bâtiment ; le pavillon central est surmonté d'un fronton triangulaire portant l'inscription : *N° 1 Écurie.* Chaque pavillon est desservi par une porte monumentale couronnée d'une imposte♦ en plein cintre ; cinq hautes fenêtres rythment chaque corps de bâtiment.
La brique est le matériau dominant de ces écuries, la pierre marquant les harpages♦ des murs et les encadrements des portes. Il faut rappeler cependant qu'à l'origine tous les bâtiments étaient enduits ; il est donc difficile d'établir quelles parties avaient l'aspect de la brique ou de la pierre. On peut imaginer par exemple que les avant-corps des deux écuries n'avaient

♦***Imposte :*** *élément fixe qui surmonte la partie mobile d'une porte ou d'une croisée et qui en diminue la hauteur. Au XVIIIe siècle, ce terme désigne couramment les dessus-de-porte.*

♦***Harpage :*** *pierres appareillées disposées verticalement sur l'ensemble de la hauteur d'un mur et limitant des panneaux construits en moellons.*

♦***Lésène :*** *élément décoratif et de raidissement formé d'une bande verticale en faible saillie du mur. La lésène est un pilastre qui n'aurait ni fût ni chapiteau.*

l'apparence que de la pierre et que les harpes visibles de part et d'autre des lésènes♦ étaient masquées par un enduit simulant la pierre, afin de souligner toute la monumentalité des portails, à la manière de celles des écuries de Versailles. L'ensemble des écuries comportait des stalles. Dans les écuries nos 1 et 2, les stalles se trouvaient d'un seul côté de l'écurie, réparties de chaque côté du pavillon central : on comptait quarante-cinq stalles dans l'écurie des Petits-Étalons et quarante stalles dans l'écurie des Grands-Étalons.

En 1991, l'écurie n° 1, qui accueillait encore des étalons, est devenue un espace d'accueil. En 2006, l'ancienne écurie de la Chaîne ayant été transformée pour recevoir les visiteurs, l'écurie n° 1 a été aménagée en espace muséographique. Des chevaux ont été réintégrés dans la deuxième partie de stalles et les combles rénovés ; l'histoire du haras et celle du cheval (l'anatomie, les soins, l'artisanat…) sont abordées au rez-de-chaussée et l'aspect social et économique du monde équestre, dans les combles. L'écurie n° 2, dotée de box au début du XXe siècle,

Parcours de découverte de l'écurie n° 1.

Vue intérieure de l'écurie n° 1 en 1990.

Vue intérieure de l'écurie n° 2.

héberge aujourd'hui les étalons de trait – percherons et cobs normands, soit deux des neuf races de trait existant en France.

Pendant la saison de monte (reproduction), ils cèdent la place à des juments de pension qui viennent pour les saillies.

Les chevaux célèbres

L'étalon barbe Ouassal, offert par le président de la République algérienne au président de la République française et donné par celui-ci aux Haras nationaux. Son arrivée au Pin, le 25 juin 1975, est le signe d'une ouverture à la race barbe, et annonce le développement de l'équitation de loisir en France.

Florestan, trotteur français.

L'image du haras du Pin est indissociable de celle de ses étalons. Commençons par les percherons. Leur histoire débute avec Jean le Blanc, un des étalons fondateurs de la race, né dans l'Orne en 1823, descendant direct de l'étalon arabe Gallipoly, qualifié à l'époque de « persan » et importé en 1813. Présent à de lointaines générations dans les origines des percherons américains aujourd'hui utilisés comme améliorateurs dans le berceau de race, son sang se retrouve chez Gallien, reproducteur moderne et témoin de la pérennité du percheron au Pin. Comme chefs de race, beaucoup de noms pourraient être cités dont Sénateur. Cet étalon né en 1962, fils de Négateur et de Marinette, elle-même fille d'Évêché, a passé sa carrière au Pin ; il est présent dans de nombreux pedigrees d'étalons et de poulinières.

Le Tyrol, pur-sang.

Fuchsia, étalon qualifié au début du XXe siècle de « demi-sang ». Il est à l'origine de la race des trotteurs français. Carte postale ancienne (coll. Tanneguy de Sainte-Marie).

Les premiers pur-sang vinrent d'Angleterre au début du XIXe siècle. Tigris et Dio furent importés lors d'une mission d'achat des Haras nationaux. La sélection effectuée par les dirigeants de l'administration est alors critiquée, comme elle le sera régulièrement dans l'histoire, mais une série de victoires fera taire les récriminations : celles d'Agar (fille du pur-sang Eastham et de la jument Danaé, elle-même née au Pin de l'étalon arabe Massoud et de la jument Deer, importée d'Angleterre en 1820) en 1835, sur l'hippodrome parisien du Champ-de-Mars, puis celles de Corisandre, en 1838, et d'Eylau, en 1839, issus du même type de croisements. Les performances publiques de ces pur-sang « français », sous l'effet du libéralisme économique ambiant, auront pour conséquence l'arrêt de l'élevage des poulains au haras du Pin.

Depuis cette époque, les courses au galop et la race pur-sang sont présentes dans les paysages normands, grâce aux grands haras privés de l'Orne et du Calvados. Le haras du Pin contribue à la sélection, grâce à des étalons comme Le Tyrol (1948-1972), Carmarthen (1964-1983), Garde Royale (1980-2000) ou Épervier Bleu (1987-2002).

Le développement de la race des trotteurs français, étroitement lié à la Normandie, est dû à la compétence et au dynamisme des éleveurs de la région. Quelques grands étalons du Pin, comme Fuchsia, Intermède ou Quinio, y ont leur part. Des étalons comme Mario et Hermès, dans la seconde moitié du XXe siècle, sont à mentionner, ainsi que Florestan, fils de la célèbre jument Roquépine et symbole, par son père, de l'infusion de sang américain dans un élevage de trotteurs français qui est aujourd'hui parmi les meilleurs du monde.

En chevaux de sport, le plus célèbre des étalons du Pin est le pur-sang Furioso, importé d'Angleterre en 1946 et mort d'une crise cardiaque le 3 septembre 1967 (année de la visite de la reine d'Angleterre), après avoir effectué vingt-deux saisons de monte et sailli cinq cent cinquante-huit juments. Il est à l'origine, par le croisement

Silver Shadows Sheik, percheron importé des États-Unis en 1993.

avec des juments normandes et par ses descendants étalons qui ont essaimé dans toute l'Europe (dont Mexico au Pin), du type de chevaux de saut d'obstacles actuel à partir duquel a été créée la race des chevaux de selle français.

B. M.

Sénateur, percheron.

La cour d'Aure[20]

Cette cour porte également le nom de « cour de l'École », en souvenir de l'École des haras, installée dans l'écurie de la Chaîne au XIXe siècle.

La tribune du manège.

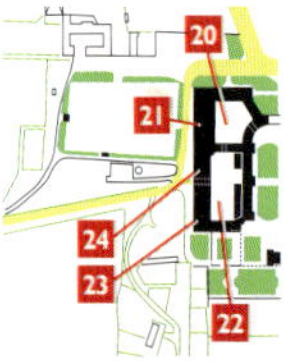

Le manège[21]

Établi entre 1785 et 1790, le grand manège permet l'entraînement à couvert des étalons. Long de 52 mètres, il est équipé d'une tribune pour les spectateurs et reçoit un éclairage sur trois côtés par vingt-sept grandes fenêtres à guillotine. Inspirée par le manège des Grandes Écuries de Versailles, son architecture extérieure ne se distingue pas de celle des autres bâtiments. Malgré les dimensions dont il l'a doté, imposantes pour l'époque, l'architecte n'a pas voulu éclipser le château en donnant une monumentalité particulière à ce manège. Intérieurement, il bénéficie d'un plafond lambrissé, à l'instar de celui de Versailles et plus tard de Saumur. Sa bonne acoustique met en valeur les voix des chanteurs d'opéra qui se produisent chaque année dans ce manège lors du festival du Septembre musical de l'Orne.

La cour Garsault[22]

Les écuries nos 4[23] et 5[24] occupent l'ancienne écurie du Pavillon et l'ancien petit manège, selon la nomenclature du plan de 1807. Aujourd'hui, elles comptent respectivement douze et dix-huit box.
Un porche les sépare, fermé par une porte monumentale donnant accès au Vieux-Pin, à la route communale et à ses herbages.
Certains étalons de trait, des percherons, mais aussi des chevaux de réforme (qui ne sont plus propres à la reproduction) y sont hébergés.
En saison de monte, les juments de pension sont logées à la place de ces chevaux dans ces écuries en raison de la proximité des herbages du Vieux-Pin, mais surtout du laboratoire d'insémination artificielle et du hangar de monte pour trotteurs et chevaux de sport, installés respectivement dans l'ancien bâtiment de la Pompe et dans l'Écurie jumelle.
C'est depuis la cour Garsault que l'on accédait à la chapelle, aujourd'hui disparue, mais dont le clocher subsiste à l'angle sud-ouest de la cour.

1 Laboratoire d'insémination artificielle

2 Hangar de monte

Le clocher de l'ancienne chapelle.

Vue intérieure de l'écurie nº 4.

La cour Lambesc[27]

L'écurie nº 3, dite « écurie de prestige »[30]

L'écurie des Poulains mentionnée en 1807 a pris le nom d'« écurie de prestige », en raison de ses hôtes illustres : des étalons pur-sang anglais et trotteurs français. Ces chevaux de course y côtoient des étalons de selle français, des étalons barbes, pur-sang arabes, anglo-arabes, et des poneys de races diverses. Autrefois séparée en son milieu par un mur de refend♦, elle offre aujourd'hui l'aspect d'une grande nef bordée de deux rangs de neuf box spacieux. Le sol de brique, les épais madriers qui séparent les box, tout concourt au confort et à la sécurité des animaux et atteste l'adaptation de cette architecture aux besoins des chevaux.

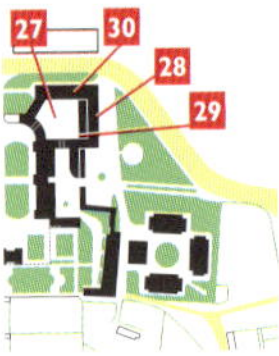

Les box extérieurs[29]

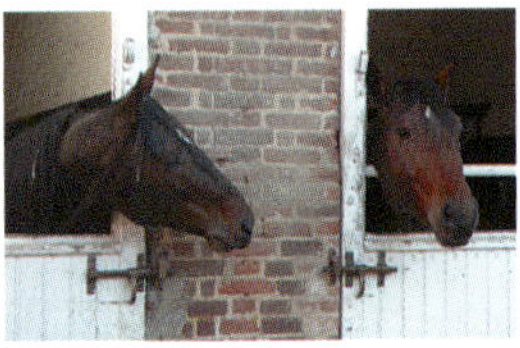

Les six grands box des anciennes petites infirmeries, à vantaux coupés, permettent aux chevaux et aux étalons de passer la tête à l'extérieur, pour leur plaisir et celui des visiteurs.

♦Mur de refend : *mur porteur formant une division intérieure.*

L'écurie n° 6[28]

Transformée en 1992, l'ancienne écurie de la Voûte compte maintenant douze box modernes avec des portes hautes.
Selon les saisons, elle abrite des chevaux de selle français, des chevaux de passage ou des étalons de trait, notamment cobs normands et percherons.
Cette écurie fait partie des tout premiers agrandissements du haras du Pin, antérieurement au grand manège dont elle forme le pendant. Sa façade sur cour est masquée par l'adjonction, sous le Premier Empire, de box destinés à l'infirmerie des chevaux. L'observation attentive des combles montre que l'architecture de cette écurie était fondée sur le même principe que celle de la cour d'honneur : son élévation était ponctuée par un pavillon en légère saillie dont les épis de faîtage marquent encore l'emplacement. On retrouve ce principe sur la majestueuse façade arrière, au soubassement taluté en grand appareil de calcaire, souligné par un élégant cordon horizontal qui rappelle le caractère seigneurial du domaine.

Façade arrière de l'écurie n° 6.
De part et d'autre des fenêtres basses, des consoles mobiles permettaient d'établir des plates-formes servant à monter le foin dans les greniers.

Pan incliné montant vers l'écurie n° 1.

La cour d'Abzac[31]

Comme la cour Lambesc, la cour d'Abzac a subi une densification du bâti par l'adjonction, le long des façades originelles, d'appentis destinés aux bûchers, toits à porcs, celliers, etc. Ils sont actuellement intégrés à l'espace muséographique. La cour d'Abzac commande l'accès au bâtiment des cuisines, indispensables au fonctionnement d'un ensemble aussi considérable. Bien qu'elles soient reliées au château, elles étaient réservées à l'usage du personnel du haras.

Mackie Messer, cheval de selle français, box de l'écurie dite « de service », donnant sur la cour d'Abzac, 2004.

La cour d'Abzac. Carte postale ancienne (coll. Tanneguy de Sainte-Marie).

La cour du Breil[32]

Les remises à voitures
Ces bâtiments en appentis, accolés à l'ancien mur de clôture de la cour d'Abzac, appartiennent à la campagne de travaux menée en 1881 par l'architecte Charles Arnoul (architecte des bâtiments civils). Ils tranchent avec les autres constructions par leur aspect très sophistiqué et leurs combles d'ardoise. Les impostes des vastes portes forment un damier au dessin soigné. Ces remises abritent la collection de voitures hippomobiles du haras du Pin.

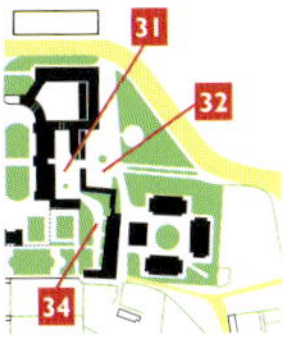

Tombe des pur-sang Furioso et Le Tyrol, morts respectivement en 1967 et en 1972.

La cour Nointel[34]

Des écuries et les logements des gardes au XIXe siècle, puis le logement des personnels du haras, ont succédé aux anciennes faisanderies.

Longe automatique.

Break de chasse grand modèle, construit à Paris par la maison Mühlbacher.

Voitures hippomobiles

Le haras du Pin détient un patrimoine hippomobile remarquable, tant par le nombre des véhicules datant de la seconde moitié du XIXe siècle, une vingtaine, que par leur qualité. Les voitures pour l'exercice des chevaux sont les plus nombreuses : quatre squelettes de dressage♦ et un rare ensemble de sept grands breaks de chasse♦, construits par les carrossiers parisiens Cotel, Felber, Hurel, Mühlbacher, et le Nancéen Benzenger.

Un élégant phaéton♦, un omnibus, une charrette anglaise♦ et l'un des squelettes sortent des ateliers de Victor Lelorieux, à Paris, important fournisseur des Haras nationaux, qui conservent aujourd'hui encore soixante-neuf voitures de ce carrossier.

Outre la charrette anglaise Lelorieux, le haras possède deux autres voitures à deux roues : un tilbury♦, anonyme, et une charrette rurale fabriquée par Henri Oréal, charron au Bourg-Saint-Léonard, village proche du Pin.

De cet ensemble, représentatif des voitures existant dans les autres haras nationaux, se détachent trois voitures d'exception : un grand coupé de voyage♦, un park-drag♦ et un milord fermé♦. Le grand coupé de voyage, dit « coupé de poste » ou « dormeuse », a été réalisé entre 1839 et 1843 par les carrossiers parisiens Berlioz et Gouillon. Cette voiture, aux armes du marquis d'Albon, est la plus ancienne et la plus spectaculaire de la collection des Haras nationaux. Elle a été donnée au Pin par le commandant Baillière, propriétaire jusqu'en 1948 du château d'O près de Mortrée, d'où elle provient.

Park-drag, construit à Londres par la firme anglaise Holland & Holland.

Le park-drag a été construit à Londres par la firme anglaise Holland & Holland, pour le baron de Zuylen de Nyevelt de Haar, président fondateur en 1895, avec le comte de Dion, de l'Automobile Club de France. Il a été offert au haras par la veuve du baron de Zuylen, née Rothschild, après le décès de son mari en 1934. C'est la voiture la plus élégante des Haras nationaux.
Le milord fermé est dû au carrossier parisien Jacques Rothschild. Cette voiture rarissime, hybridation entre le milord et le cab anglais, est la seule de ce type conservée dans une collection publique française.
Excepté le coupé de voyage et le park-drag, ces voitures sont peintes aux couleurs des Haras nationaux : bleu marine très foncé, réchampi rouge vif.
En 1987, le coupé de voyage, le park-drag et le milord fermé ont été classés parmi les monuments historiques, et les autres voitures, inscrites à l'inventaire supplémentaire, à l'exception d'une wagonnette très restaurée et d'un dog-cart♦ à quatre roues, œuvre du Parisien Alfred Belvalette, dénaturé par une modification intempestive.

Milord fermé, construit à Paris par le carrossier Jacques Rothschild.

Grand coupé de voyage, conçu par les carrossiers parisiens Berlioz et Gouillon, vue intérieure.

Grand coupé de voyage, dit « coupé de poste » ou « dormeuse », réalisé entre 1839 et 1843 par Berlioz et Gouillon.

Omnibus et squelette de dressage, construits à Paris par Lelorieux.

Un patrimoine vivant

Les voitures du Pin font partie de la collection hippomobile des Haras nationaux – le plus grand ensemble hippomobile conservé en France, qui comporte trois cents voitures anciennes, soit les deux tiers du patrimoine hippomobile public français, réparties sur vingt-trois sites. Sept sont classées et trente-trois inscrites au titre des monuments historiques.

Ce parc hippomobile se compose en majorité de voitures de sport destinées au dressage et à l'entraînement quotidien des chevaux, de voitures de service et de quelques voitures plus luxueuses, de ville, de voyage, de loisir, données aux Haras lorsque les voitures à cheval furent remplacées par des automobiles.

Réunissant des fabrications de plus de cent vingt constructeurs parisiens et provinciaux, il offre, à travers une riche typologie, une vision précise de la production française de la seconde moitié du XIXe et du début du XXe siècle.

Break convertible, construit à Paris par la maison Mühlbacher.

Il témoigne des techniques et des habiles savoir-faire des métiers de la carrosserie, du charronnage et de la sellerie, ainsi que des manières de vivre d'une époque où le voyage et les sports nobles liés au cheval, comme la chasse et le driving♦, se pratiquaient tels des arts.

Régulièrement attelées, pour la plupart, aux étalons nationaux à l'occasion de manifestations équestres, les voitures du Pin ne sont pas seulement de simples outils de travail, mais des biens culturels, et constituent un patrimoine vivant, unique et original.

J.-L. L.

Phaéton, construit à Paris par Lelorieux.

♦***Squelette de dressage :*** *voiture à quatre roues dépourvue de toute partie carrossée, pour dresser les jeunes chevaux.*

♦***Break de chasse :*** *voiture à quatre roues, découverte, dont la caisse contient des sièges transversaux. Il sert à la campagne au dressage et à l'exercice des chevaux, à la chasse, à la promenade.*

♦***Phaéton :*** *voiture à quatre roues, caractérisée par un siège important, élevé sur le devant de la caisse pour le propriétaire, seul habilité à mener cette voiture. Le siège arrière est réservé aux domestiques.*

♦***Charrette anglaise :*** *charrette légère, montée sur deux roues de grand diamètre. Elle transporte quatre passagers sur deux banquettes dos à dos.*

♦***Tilbury :*** *voiture élégante, à deux roues, dont le siège, pour deux personnes, est établi sur un coffre reposant sur deux très longs brancards réunis à l'arrière par une traverse.*

♦***Coupé de voyage :*** *robuste voiture à quatre roues, à caisse fermée contenant un siège pour deux personnes, équipée de nombreux coffres et malles.*

♦***Park-drag :*** *imposante voiture de maître, à quatre roues, équipée de sièges extérieurs fixés sur le toit et les coffres. C'est une version privée et luxueuse du mail-coach anglais.*

♦***Milord fermé :*** *milord dont le siège des passagers est couvert, au lieu d'une capote, par un habitacle fixe, en bois, comparable à la caisse d'un cab anglais.*

♦***Dog-cart :*** *voiture découverte, à deux ou à quatre roues, utilisée pour se rendre à la chasse, avec des chiens enfermés dans des compartiments aménagés sous les sièges.*

♦***Driving :*** *conduite à quatre chevaux pratiquée pour le plaisir sportif par les propriétaires d'équipages.*

Vue aérienne prise du nord.

1 Hangar de monte
2 Écurie n° 7
3 Écurie n° 8
4 Écurie n° 9

La cour du Parc-aux-Daims

En même temps qu'il est chargé de la construction des nouvelles remises, Charles Arnoul se voit confier la réalisation d'un ensemble de bâtiments neufs dans la cour du Parc-aux-Daims. Il s'agit des écuries nos 7, 8 et 9, transformées aujourd'hui respectivement en menuiserie, petit manège et forge. Ces bâtiments sont conçus sur un plan unique : le corps central, divisé en deux par un mur de refend longitudinal, comporte deux rangs de neuf stalles, complétés par deux modestes annexes symétriques, accolées aux petits côtés, où sont construits des box. L'élévation de ces trois écuries, couvertes de toits en bâtière, se compose de quatre travées encadrant un avant-corps percé d'une porte monumentale et surmonté d'une lucarne en pignon. Ces trois écuries, revetues d'enduit ocre, contrastent avec le quatrième élément de l'ensemble : l'ancien hangar de monte, bâtiment de plan carré, construit en brique, rehaussé de faux pans de bois, qui donnent son caractère pittoresque à l'édifice. Celui-ci, appelé « salle Géricault » depuis la reconstitution de l'atelier du peintre pour *Mazeppa*, film tourné par Bartabas en 1992, sert de salle d'exposition et de réception.

Vue intérieure du hangar de monte avant sa transformation en salle d'exposition.

Façade nord du hangar de monte.

Les autres sites historiques

Maréchaux-ferrants devant une forge provisoire (à droite) **et ancienne infirmerie vétérinaire du haras** (au fond). Carte postale ancienne (coll. Tanneguy de Sainte-Marie).

La cour Carmarthen 12

Le bâtiment central de cette cour, construit avant 1736, faisait office d'auberge avant d'être transformé en infirmerie vétérinaire en 1907.
À cette date, l'architecte Sandret se voit confier la mission d'établir autour de l'ancienne auberge – qu'il rehausse d'un étage carré – une infirmerie vétérinaire avec pharmacie, remises, hangar d'opération, local des mashs♦, etc.
Cet ensemble est complété à l'arrière par un vaste hangar à fourrage monumental à l'allure toute néoclassique, orné de frontons triangulaires sur les deux pignons. L'édifice dispose d'un curieux système d'aération constitué de meurtrières en baïonnette.
La salle d'opération de l'ancienne infirmerie vétérinaire a été aménagée en hangar de monte où les étalons pur-sang saillissent naturellement les juments.
La cour, dévolue actuellement à ces chevaux, a été baptisée en 2006 « cour Carmarthen », en référence à un étalon pur-sang, chef de race au Pin.

♦***Mash :*** *mélange d'orge cuite additionnée de son et de graines de lin, très apprécié des chevaux à qui il est donné tiède une fois par semaine.*

Élévation de la façade principale du magasin à fourrage, projet de 1852 (Paris, Archives nationales).

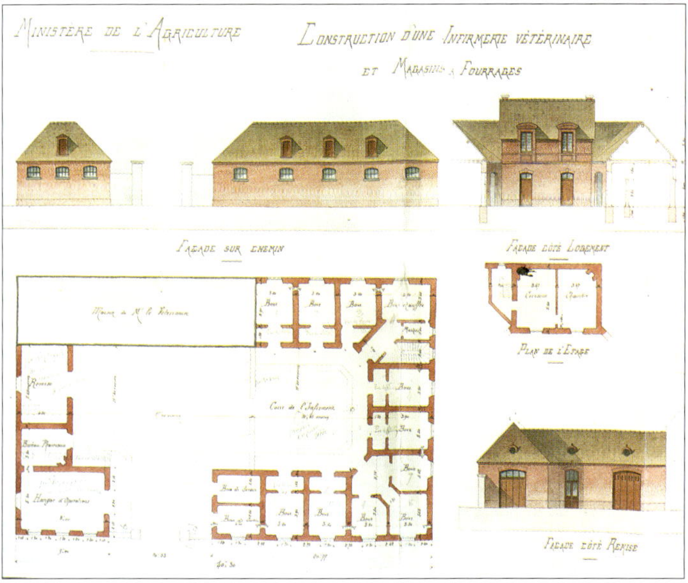

Infirmerie vétérinaire, plan, coupe, élévation, début du XXe siècle (Alençon, archives départementales).

L'auberge du Tournebride. Carte postale ancienne (coll. Tanneguy de Sainte-Marie).

Le Tournebride[11]

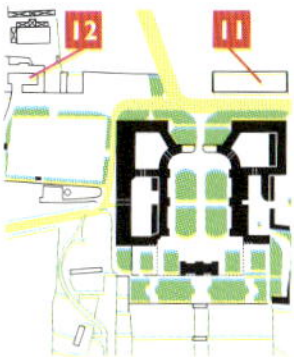

Ce bâtiment a subi des transformations successives depuis la seconde moitié du XVIIIe siècle. Conçu initialement pour être la maison du maréchal expert, c'est-à-dire du vétérinaire du haras, il abritait au rez-de-chaussée deux remises, un bureau et deux salles d'opération. Lors de la création de la nouvelle infirmerie face à l'École des haras au début du XXe siècle, cette longue maison d'un étage est alors agrandie de trois travées à l'ouest et dotée de l'auvent qu'on voit toujours en façade. Encore réputée dans les années 1980, l'auberge accueille aujourd'hui des bureaux et un logement.

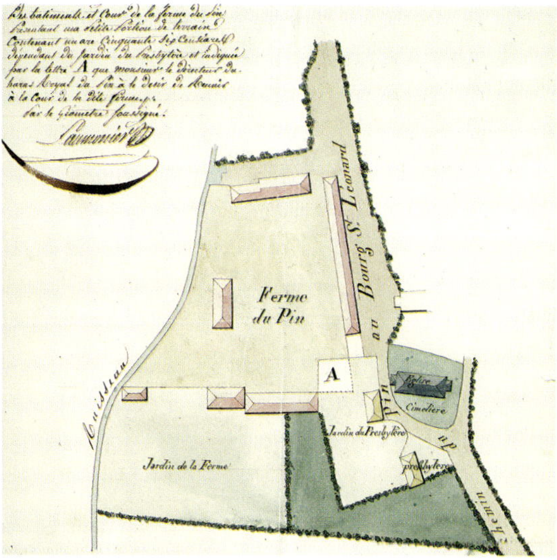

Plan des bâtiments et de la cour de la ferme du Pin, 1834 (Alençon, archives départementales).

Le Vieux-Pin[7]

Du premier village en contrebas du haras subsistent l'église et le presbytère, magnifique bâtisse édifiée en brique. L'église est établie à cet emplacement, sous le vocable de Saint-Ouen, en 1701, et entièrement reconstruite en 1779. Elle est alors décrite comme un bâtiment à une nef, percée de douze croisées et comportant deux autels.

L'église.

Abandonnée à la Révolution, l'église est restaurée par les paroissiens en 1818, puis aliénée par l'État en 1858 pour servir de dépôt d'étalons. De nouveau en déshérence, elle sert de cellier à l'ancien presbytère, contemporain de la première église. Construction toute simple, composée à l'origine d'une salle et d'une cuisine au rez-de-chaussée et de trois chambres à l'étage, ce pittoresque presbytère est flanqué de deux ailes basses dont les combles en appentis prolongent les croupes du logis principal, selon une formule déjà rencontrée dans les cours du château. De l'ancien bourg du Pin, il reste également la ferme du Pin, élevée durant le premier tiers du XIXe siècle, de cinq travées de face, avec un rez-de-chaussée sur cave et un étage carré sommé d'une petite lucarne à fronton. De nos jours, une station de l'Institut national de recherche agronomique (Inra), dont les recherches sont axées sur les cultures fourragères, y a installé ses bureaux. La route qui va du haras au Vieux-Pin est entourée de paddocks♦, destinés aux juments en pension durant la saison de monte. Les écuries Cazobiel (ou Gazobiel) et les paddocks voisins ont été affectés en 2001 aux chevaux de trait.

Le presbytère.

♦***Paddock :*** *prairie ou terrain bien clôturé, utilisé pour la détente ou l'entretien temporaire des chevaux.*

La ferme du Pin, actuellement siège des bureaux de l'Inra.

Le Pin-au-Haras[8]

L'histoire du village du Pin-Fleury débute en 1857 lorsque l'État abandonne quatre hectares à la commune du Pin en échange de l'ancienne église, de son presbytère et de la mairie. Un nouveau village est alors construit sur la route du Bourg-Saint-Léonard. Sa création est encouragée par le général Fleury, ministre de Napoléon III, qui laissera son nom au bourg. La nouvelle église paroissiale, dédiée à Notre-Dame de l'Assomption, est édifiée sur les plans d'Amiard dans le style néogothique, en vogue entre 1864 et 1866. Précédé d'un clocher-porche, le monument forme l'axe de symétrie du village : à gauche du clocher, l'architecte établit le presbytère et, à droite, la mairie-école, deux bâtiments conçus en pendants, dans un style historiciste.

Le village se développe autour de ce cœur institutionnel, bientôt augmenté d'une cité ouvrière modèle édifiée à la demande de Pontavice de Heussey, directeur du haras de 1893 à 1911, par l'architecte Sandret. Les maisons de la cité Pontavice, encore intactes, s'organisent autour d'une cour commune, en arrière de laquelle chaque logement dispose d'un jardin potager.

Ch. M. et M. M.

L'église et l'ancien presbytère, transformé en mairie à la fin du XXe siècle.

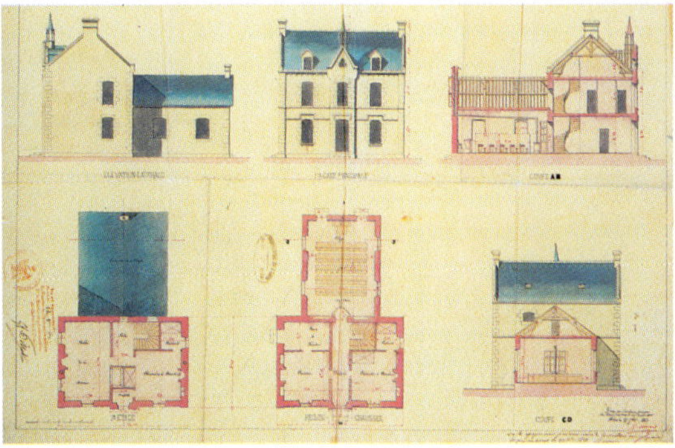

Projet d'Amiard pour la mairie-école, 1863 (Alençon, archives départementales).

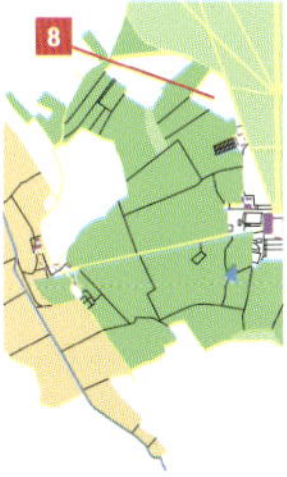

Vue aérienne de la cité Pontavice.

Missions, recherche et formation

Story Creek Knight Cruiser, percheron américain monté par Sophie Ducretet, 2004.

David Jollivet, inséminateur au haras du Pin, devant le mannequin et le vagin artificiel servant à la collecte du sperme des étalons.

Jean-Marc Betsch, vétérinaire.

Sur l'ensemble du domaine du Pin, École des haras comprise, le travail des chercheurs est une réalité. Depuis 1963, deux stations expérimentales de l'Inra sont implantées sur le domaine du Pin : celle du Vieux-Pin, spécialisée dans les productions fourragères, et celle de Borculo, vouée à la génétique bovine. Les Haras nationaux soutiennent la recherche dans divers domaines, sur l'ensemble du secteur équin. Depuis les années cinquante, de nombreux progrès, sensibles aujourd'hui dans l'élevage du cheval, ont été accomplis en matière d'alimentation, de reproduction et de génétique. Les études sur la locomotion et le comportement de l'athlète équin ont amélioré ses performances. Le développement des différents secteurs du monde du cheval a aussi conduit à intégrer la sociologie aux disciplines pratiquées par les chercheurs. Au Pin, si quelques expérimentations sur la croissance ont lieu en liaison avec la station expérimentale de Chamberet, en Corrèze, c'est surtout l'activité de reproduction qui est l'objet des études : en effet, les Haras nationaux ont été précurseurs en la matière, en lançant l'insémination artificielle, l'échographie, le transfert d'embryons, techniques aujourd'hui courantes dans l'élevage du cheval de sport. Le Pin est un centre d'expertise qui propose ses services aux propriétaires d'étalons, pour des analyses de fertilité notamment.

L'identification des chevaux

Le premier rôle du service de l'élevage (situé cour Garsault) est d'assurer l'« état civil » des chevaux nés sur le territoire administré par le haras (environ quinze mille poulains par an pour la Basse-Normandie). Il s'agit du signalement qui consiste à faire une prise de sang au poulain, reconnaître son identité (par le biais de marques distinctives) en vue de constituer une fiche qui sera informatisée. À cette fin, les agents des Haras effectuent des tournées d'identification pour relever dans chaque élevage le signalement des poulains avant leur sevrage. Toutes ces données d'identité sont centralisées dans la base de données appelée « SIRE♦ ». Elles permettent de gérer l'ensemble des stud-books des cinquante et une races reconnues en France, tâche dont les Haras nationaux ont aussi la responsabilité.

*♦**SIRE :** système d'information répertoriant les équidés.*

Le laboratoire d'insémination artificielle

Ses équipements servent à conditionner le sperme des étalons, collecté dans le hangar de monte situé également cour Garsault. L'inséminateur prépare la dose de semence, fraîche ou congelée, et la met en place dans l'utérus de la jument dont la réceptivité est contrôlée au préalable. L'insémination, comme la saillie naturelle, s'effectue pendant la période des chaleurs de la jument, pour la féconder.

L'École des haras 10

Créée en 1840, l'École avait pour but de former les officiers des Haras. Dissoute en 1852, elle sera reconstituée en 1874 par la loi organique des haras, dite « loi Bocher ». Elle assurait alors aux cadres des Haras une formation fondée sur l'apprentissage de l'équitation et la connaissance du cheval et de son élevage. À l'origine implantée dans l'écurie de la Chaîne (actuel espace d'accueil), l'École s'installe au XXe siècle aux écuries du Bois où Sandret avait construit entre 1904 et 1907 une maison dans le style normand, ainsi qu'une forge et un hangar de ferrage. L'époque contemporaine n'est pas en reste, qui a vu, en 1975, la construction du grand manège, en 1985, d'une nouvelle écurie et, en 2002, celle d'un atelier de sellerie, d'un hall d'attelage et d'une salle de conférences. Aujourd'hui, l'École offre des formations dans plusieurs disciplines, avec un volet interne (formation initiale et continue des personnels) et un volet externe ouvert aux professionnels et aux particuliers : formations aux métiers traditionnels (sellerie et maréchalerie), aux métiers de l'élevage et de la reproduction (inséminateur, chef de centre, valorisation des jeunes chevaux, etc.) et aux techniques d'utilisation des chevaux (attelage, dressage et entraînement, transport, etc.).

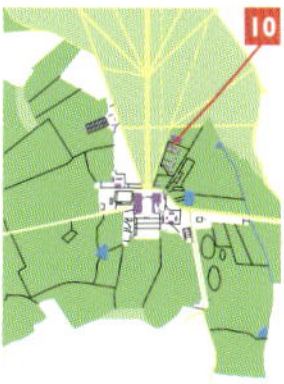

- **1** Anciens logements transformés en bureaux
- **2** Nouvelle forge et école de maréchalerie
- **3** Ancienne forge
- **4** Salle de cours et restaurant
- **5** Hébergement
- **6** Grand manège

Photographie aérienne de l'École des haras, 1981. Les deux écuries du premier plan à gauche ont, depuis, été remplacées par une salle de conférences, un atelier de sellerie, une écurie d'attelage et une remise à voitures.

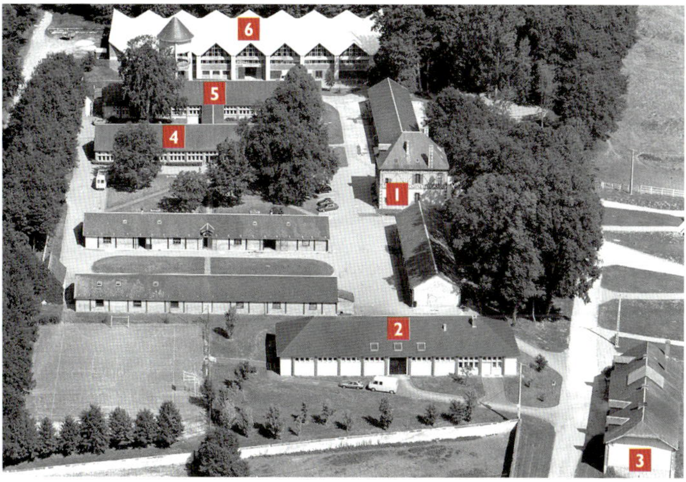

Quatre cobs menés par Daniel Bourges et attelés à un grand break, 2004 (coll. haras du Pin).

La sélection des races

L'amélioration de la production et l'évolution de l'élevage ont amené au fil des siècles la création de races. Autrefois, les races, principalement définies par l'origine géographique des chevaux, pouvaient également correspondre à un type de cheval lié à un objectif de production.

Aujourd'hui, la notion de race inclut aussi méthode de sélection, moyens de promotion, organisation spécifique. Gérées dans des livres d'élevage, les stud-books, les races de chevaux peuvent être internationales (le pur-sang, destiné aux courses de galop, et l'arabe, cheval typé polyvalent pour la selle, le loisir et l'endurance), mais sont plus souvent liées à un continent (le trotteur américain), un pays (le cheval de selle français) ou une région (le holstein en Allemagne, le connemara en Irlande, le barbe en Afrique du Nord ou le percheron en France). Ces limites géographiques ne sont plus valables aujourd'hui, où l'on retrouve souvent des représentants de ces races, hors berceau, dans le monde entier.

La sélection des races est assurée par les associations d'éleveurs avec l'aide des Haras nationaux qui en tiennent la base de données et contribuent à la recherche. Cinquante et un stud-books, d'effectifs très variables, sont reconnus en France par le ministère de l'Agriculture. Parmi eux, donnons l'exemple de quatre races : le trotteur français, le plus représenté (16 000 poulinières environ dont 40 % en Basse-Normandie) ; l'anglo-arabe (2 500 poulinières) ; le poney français de selle (1 500 poulinières) ; l'âne normand (140 poulinières).

La sélection dépend de l'orientation de chaque race. Elle se fonde sur quatre critères. Le critère de l'aptitude à la compétition pour les races de course ou de sport se mesure par la performance (le résultat de l'épreuve et son enregistrement en constituent la base).

Page de droite
Bhakti de Beaupré, cheval de selle français monté par Guy Gerboin, 2004.

Ci-dessous, de gauche à droite
Percheron.

Pur-sang.

Trotteur français.

Cheval de selle français.

Le critère généalogique utilise les données concernant les ascendants et la famille du cheval, fournies grâce à la gestion des stud-books : la connaissance réelle de la valeur génétique est souvent évaluée aujourd'hui par des indices dans chaque discipline. L'appréciation du modèle et des allures des chevaux consiste en l'étude de la conformation et des aptitudes fonctionnelles des animaux, selon l'objectif auquel ils sont voués : lié au jugement d'experts, ce critère reste important pour les chevaux destinés au sport. Rentrent dans le dernier critère, le type de race, conforme à des standards définis, la taille, le format, la robe et l'expression du cheval, qui contribuent à l'homogénéité d'une population.

Selon l'application raisonnée de ces différents critères, le patrimoine génétique français a constamment évolué. Les races de chevaux se sont ainsi adaptées aux besoins de la société et, grâce à la sélection, ce riche patrimoine reste aujourd'hui parmi les meilleurs.

Les types de chevaux

Paire de percherons, menés par Bernard Masseron – assisté de Serge Gerboin – et attelés à un grand break, 2004 (coll. haras du Pin).

♦***Zootechnie :*** *science de l'élevage des animaux.*

♦***Cheval bréviligne :*** *cheval ayant des rayons courts et des angles articulaires fermés ; peu apte aux allures étendues.*

♦***Cheval médioligne :*** *cheval qui possède des angles et des rayons permettant l'amplitude et l'élévation des allures.*

Lors de la création des haras royaux, la production nationale avait pour but de satisfaire les besoins de l'armée, des transports et de l'agriculture. Les types de chevaux découlaient de leur utilisation. Avec le développement de la zootechnie♦, les chevaux ont été définis par des types morphologiques : bréviligne♦ pour les chevaux de trait, longilignes pour les chevaux de course, et médiolignes♦ pour les chevaux de selle.

Un trotteur français, Express Road, mené par Laurent Deniel et attelé à un sulky, 2004 (coll. haras du Pin).

Aujourd'hui, les types de chevaux peuvent se répartir en cinq groupes. Les chevaux de course (le pur-sang et le trotteur) sont des chevaux de vitesse et d'influx. Ils jouent un grand rôle économique grâce aux paris, au réservoir d'emplois de ce secteur et à l'animation urbaine et rurale qu'apportent les hippodromes.

Les chevaux de selle (français, anglo-arabes, arabes, et d'autres races étrangères), sélectionnés sur leurs aptitudes, ont le premier rôle dans les sports équestres (concours de saut d'obstacles, concours complet, dressage, attelage, voltige, endurance).

Les deux races emblématiques des chevaux de trait normands (le percheron et le cob), élevés auparavant pour les travaux des champs et les transports, sont un débouché pour l'hippophagie, mais servent également à l'attelage de travail, de loisir ou de compétition.

Les poneys, destinés aux enfants, sont réglementairement limités à la taille de 1,49 mètre au garrot. Le poney français de selle, le connemara, le welsh, le new forest et le shetland sont les principales races élevées en Normandie.

Les races de chevaux de loisir, en constante augmentation, sont choisies pour l'équitation d'extérieur, le dressage de spectacle, l'équitation de travail ou la randonnée. Les chevaux américains (le quarter horse et l'appaloosa), les chevaux ibériques (l'andalou et le lusitanien), le célèbre cheval de Camargue, le mérens ariégeois et le barbe font partie de cette catégorie.

Lavirco, pur-sang présenté par Philippe Gardie, 2004.

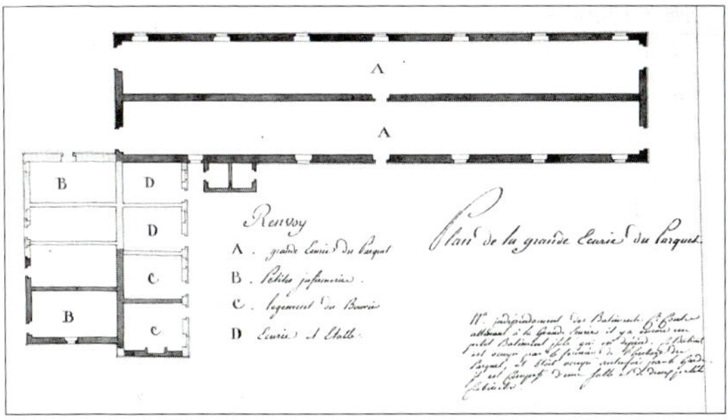

Vue aérienne, prise avant l'adjonction de bâtiments modernes en 1986.

Plan de l'écurie du Parquet, ou jumenterie, par Desessart, 17 septembre 1806 (Alençon, archives départementales).

La jumenterie[3]

L'écurie du Parquet, qui figure sur le plan de 1736, fut d'abord une jumenterie d'élevage où naquirent au XIXe siècle les premiers poulains pur-sang. Elle en tire alors fierté, avant de voir d'autres naissances prestigieuses, comme celle des poulains de la jument Pomone, fille du fameux Furioso, gagnante des Championnats du monde de saut d'obstacles à Buenos Aires, sous la selle de Pierre Jonquères d'Oriola. Depuis le début des années quatre-vingt, c'est un centre de formation aux techniques de reproduction (insémination, échographie, transfert d'embryons…), dépendant de l'École nationale professionnelle des haras. La présence des juments répond aujourd'hui à un objectif de recherche et de pédagogie.

Les juments au pré.

Les métiers du haras

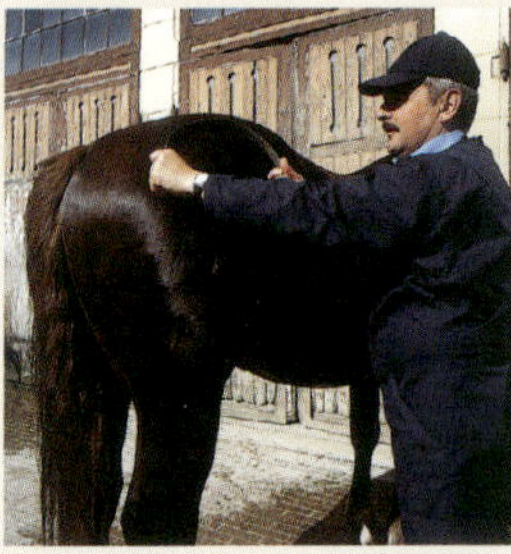

Pansage d'un cheval et nettoyage d'un box.

Sur le site du Pin, les cadres et les personnels techniques et administratifs remplissent différentes missions : les unes concernent la marche du pôle hippique (organisation d'événements sportifs, culturels, touristiques) et les autres, le rôle du centre technique le plus important de France, en particulier l'étalonnage (six cents juments sont, tous les ans, saillies ou inséminées à partir du sperme collecté au Pin), l'identification (six mille chevaux par an) et le conseil aux éleveurs. Ils interviennent dans les activités de formation et d'expertise assurées sur le site, mais également dans le cadre de projets développés à l'échelon régional ou national. Parmi les métiers traditionnels perpétués au Pin, citons : le sellier, qui répare ou fabrique les différents matériels en cuir et entretient dans son atelier les licols, les selles, les filets, les harnais d'attelage, etc. ; le maréchal-ferrant, qui suit la ferrure de l'ensemble des effectifs de chevaux et adapte lui-même les fers aux pieds du cheval pour protéger la corne du sabot.

Un menuisier, un jardinier, un mécanicien, un peintre, un électricien, et des ouvriers agricoles chargés des pâtures, de la récolte du foin et du suivi des bovins en pension, complètent l'effectif du haras du Pin.

Dominique Arnoux, sellier-harnacheur au haras du Pin.

Daniel Bourges, agent technique au haras du Pin.

Michel Pierre, maréchal-ferrant au haras du Pin.

Vue prise du sud-ouest.

1 Maison du Pavillon

2 Écurie n° 1

3 Château

4 Cour du Parc-aux-Daims

5 Vers le parc du Haut-Bois

Perspective sur l'allée Louis-XIV, *où s'exercent des cavaliers de l'École des haras, depuis la grille d'honneur.*

Le cheval hors les murs

L'allée Louis-XIV

Cette prestigieuse allée, ouverte à la promenade, fait face à la grille d'honneur du haras. Large de 30 mètres, elle traverse sur 1,5 kilomètre de long la forêt du Pin, où travaillent les chevaux de l'École voisine, puis s'enfonce dans les taillis.

Le parc du Haut-Bois et les Grands-Champs

Hormis les parterres de la terrasse du château, il ne semble pas qu'ait existé un véritable jardin d'agrément au haras du Pin. L'étendue actuellement appelée « parc du Haut-Bois » est une vaste prairie, dont une partie servait au XVIIIe siècle de potager. Ce dernier contribuait à l'approvisionnement des cuisines où l'on préparait plus de cent repas par jour. Aujourd'hui utilisé pour les compétitions hippiques, le parc du Haut-Bois est doté de parcours de cross-country pour les concours complets d'équitation et de parcours de marathon pour les concours d'attelage. Le terrain d'honneur en herbe permet notamment le déroulement d'épreuves (maniabilité des attelages, par exemple) et les présentations d'élevages. De l'autre côté de la route de La Cochère, les terrains des Grands-Champs accueillent trois carrières, en sable ou en herbe, pour les concours de sauts d'obstacles ou de dressage.

B. M. et M. M.

Bernard Maurel, juge international de dressage portant le chapeau melon qui caractérise sa fonction.

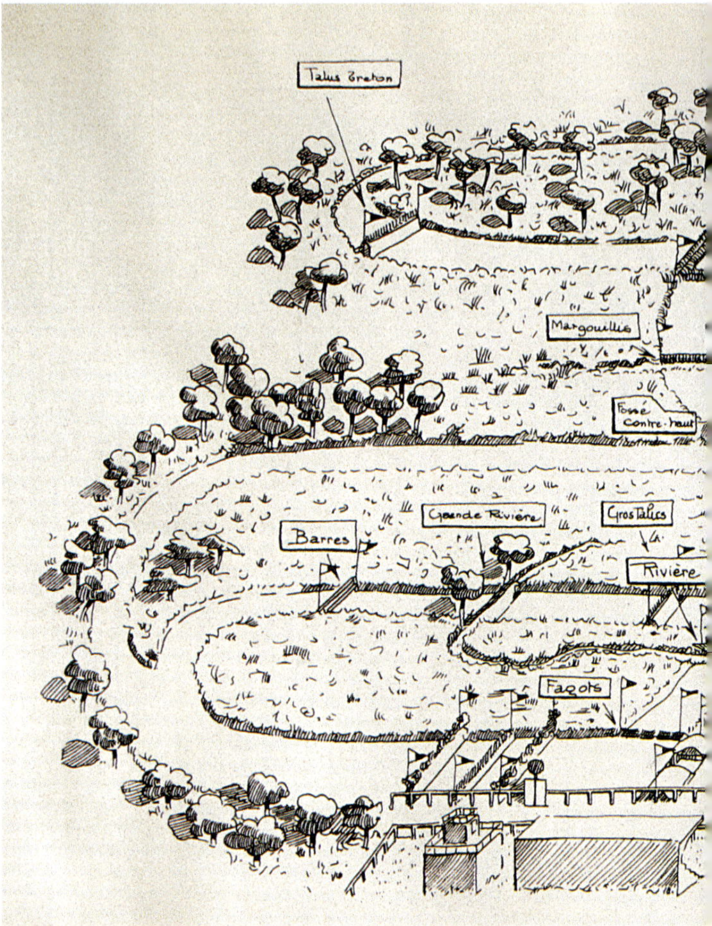

Vue cavalière de l'hippodrome de la Bergerie, publiée dans *L'Élevage du cheval au pays d'Argentan. Le Haras du Pin*, 1933. L'hippodrome actuel est limité à l'emprise de la piste ovale.

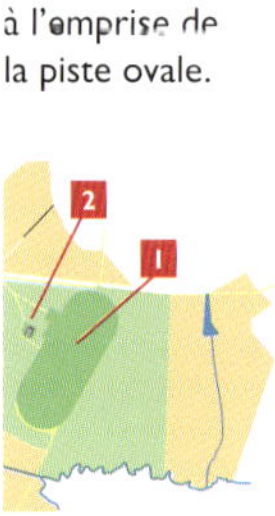

♦Lambrequin : *bordure en bois ou en tôle découpée, pendant au bord d'un toit.*

L'hippodrome[1]

L'hippodrome du Pin, réalisé sur un tracé donné par le comte d'Aure sur la route du Vieux-Pin, fut inauguré en 1823, mais il faut attendre 1861 pour qu'apparaissent les premiers aménagements permanents pour le public. Les architectes Achier puis Pesnel, en 1875, réalisent les tribunes et la tour des Commissaires. Grâce aux importantes portées que permet l'architecture métallique, la vue des tribunes sur le champ de courses est dégagée au maximum. Les supports, limités ici à sept poteaux de fonte, soutiennent un auvent garni de lambrequins♦. La tour des Commissaires, quant à elle, présente un soubassement maçonné en brique surélevé d'un étage entièrement vitré dont l'architecture métallique soutient un pare-soleil couvert en ardoise. L'ensemble est couronné d'une terrasse bordée d'un garde-corps métallique à croisillons d'où les commissaires de courses peuvent observer les concurrents.
En 1881, l'architecte Charles Arnoul construit l'écurie de l'hippodrome : une vingtaine de box ouverts sur une cour centrale, dominée par un corps de logis en brique et pierre dans un style régionaliste. Cet ensemble architectural constitue un intéressant témoignage d'une architecture « fin de siècle » où rationalité et goût du décor restent les maîtres mots.
Situé au lieu-dit de la Bergerie[2], sur la commune de Ginai, l'hippodrome du Pin est relié au haras par une allée rectiligne de 3 kilomètres, bordée

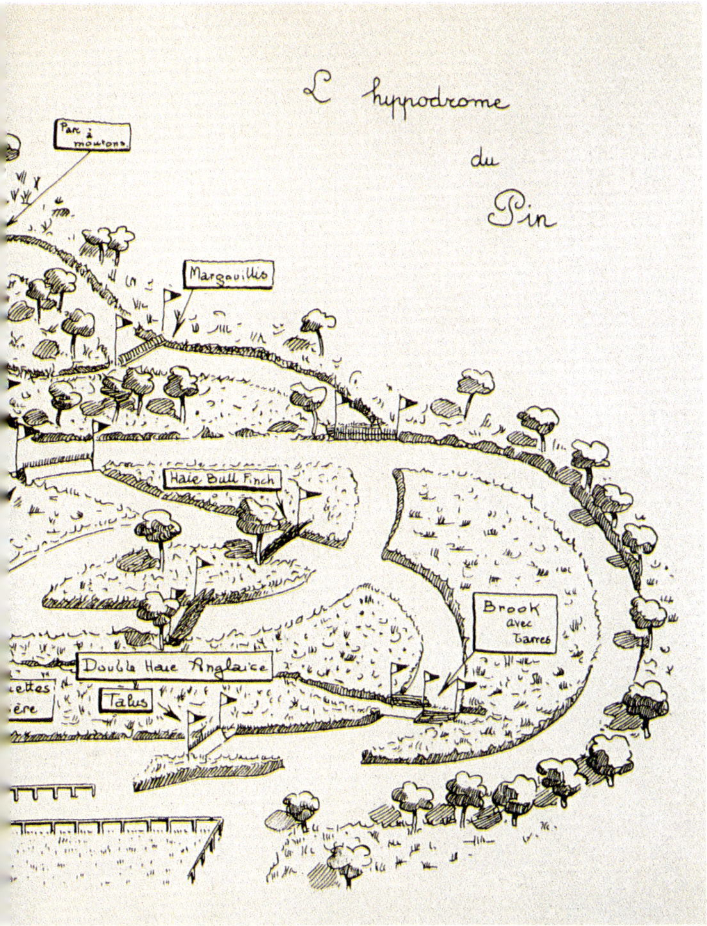

de chaque côté par une piste d'entraînement, l'une plate, l'autre à obstacles.
Il est consacré aux courses de galop et d'obstacles.
Les courses au trot n'y ont plus lieu, car la piste en herbe pouvait difficilement accueillir dans de bonnes conditions les deux spécialités.
Sa piste plate, de 2 000 mètres, avec une ligne d'arrivée légèrement montante, permet de tester les jeunes chevaux des meilleures écuries.

Ch. M.

Présentation d'étalon dans la cour de l'écurie de l'hippodrome. Carte postale ancienne (coll. Tanneguy de Sainte-Marie).

Les tribunes modernes (à gauche), **anciennes** (au centre) **et la tour des Commissaires** (à droite).

L'auvent, garni de lambrequins, des anciennes tribunes repose sur de minces poteaux qui ménagent la vue sur le champ de courses (détail).

Les courses

L'environnement du haras du Pin est célèbre par la concentration d'élevages de pur-sang et de trotteurs, donnant au paysage ornais sa spécificité. L'économie des courses y a son berceau. La plupart des chevaux célèbres sont issus de cette région. On ne s'étonnera donc pas de trouver au Pin un hippodrome, symbole de l'histoire et de la tradition des courses en France.

La Société des courses du Pin y organise trois réunions par an, avec sept courses chacune, lors des dimanches de fin d'été et de début d'automne. L'activité de la Société des courses, en étroite synergie avec le domaine du Pin, bénéficie du soutien des grands noms du monde des courses, de la plupart des haras de pur-sang voisins, du département de l'Orne et de la Région Basse-Normandie.

Jean-Pierre Dubois, entraîneur, sur un sulky.

Ci-contre et au centre
Attelages présentés dans le parc du Haut-Bois lors d'un concours international d'attelage.

Page de droite
Participante à un concours complet d'équitation dans le parc du Haut-Bois.

La compétition aujourd'hui

Si les courses sont partie intégrante de l'histoire du site et de l'économie régionale, les sports équestres, dont le développement date de la seconde moitié du XXe siècle, ont aussi trouvé au Pin des espaces idéalement adaptés. Les Championnats d'Europe de concours complet d'équitation (1969) et d'attelage (1979) sont, ici, restés dans les mémoires. Depuis une quinzaine d'années, l'organisation de manifestations hippiques s'est développée avec aujourd'hui plus de 100 journées de concours d'élevage ou d'épreuves sportives par an. Citons les deux concours de dressage, un concours complet d'équitation, plusieurs concours de saut d'obstacles pour les jeunes chevaux issus de la production normande et pour les cavaliers de la région, et un concours international d'attelage toutes catégories, point fort de la saison sportive, à la mi-juillet. Autour d'eux s'articulent divers concours d'élevage, des épreuves hunter♦ et une compétition d'endurance. La synergie avec l'élevage est centrée sur la race selle français, mais le site accueille aussi les poneys et, pour leur championnat national, les percherons et les ânes normands.

Le parc du Haut-Bois et les terrains des Grands-Champs, rénovés, adaptés et objets chaque année d'améliorations pour organiser les différentes compétitions, font du pôle hippique du Pin un site apprécié des professionnels, comme des amateurs.

B. M.

♦***Épreuve hunter :*** *parcours d'obstacles jugé sur le style du cheval et/ou la position du cavalier.*

En bas
Concours d'élevage de chevaux de selle français.
À gauche, présentation au trot d'un poulain de l'année ; à droite, présentation de poulinière.

25

Orientation bibliographique

Babo (Daniel), *Les Haras nationaux*, Paris, Médial éditions, 2002.

Blomac (Nicole de), *La Gloire et le Jeu. Des hommes et des chevaux, 1766-1866*, Paris, Fayard, 1991.

Id., *Voyer d'Argenson et le cheval des Lumières*, Paris, Belin, 2004.

Chéhu (Frédéric), *Les Plus Beaux Haras de France*, Arles, Actes Sud, 2002.

Collectif, *L'Élevage du cheval au pays d'Argentan. Le Haras du Pin*, Argentan, Langlois, 1933.

Fossier (François), *Inventaire des dessins du fonds Robert de Cotte*, Paris, BNF, 1997.

Franchet d'Espèrey (Patrice), « Une architecture dédiée à l'équitation », *in* Pierre Garrigou-Grandchamp (dir.), *Saumur. L'École de cavalerie*, Paris, Éditions du patrimoine, coll. « Cahiers du patrimoine », 2005, p. 221-243.

Germain-Lacour (J.), *Normandie monumentale et pittoresque, Orne*, Le Havre, Lemale, 1897, t. II, p. 64-66.

Guillotel (Gérard), *Les Haras nationaux*, Paris, Charles-Lavauzelle, 1985, t. I, p. 75-145, 1986, t. II, p. 221-261.

Libourel (Jean-Louis), « Pierre Le Mousseux, architecte du haras du Pin », *Arts dans l'Orne, Société historique et archéologique de l'Orne*, 1991, t. CIX, n° 4, p. 35-48.

Id., « Le Haras du Roy en Normandie », *in* Daniel Roche (dir.), *Les Écuries royales du XVIe au XVIIIe siècle*, Versailles, Association pour l'académie d'art équestre de Versailles, Château de Versailles, 1998, p. 48-57.

Id., *Haras national du Pin. Voitures hippomobiles*, Caen, Aramis, coll. « Itinéraires du patrimoine », n° 5, 1991.

Id., *Voitures hippomobiles, vocabulaire typologique et technique*, Paris, Éditions du patrimoine, 2005.

Mulliez (Jacques), *Les Chevaux du royaume. Histoire de l'élevage du cheval et de la création des haras*, Paris, Montalba, 1983.

O'Neill (Maurice), *Le Haras du Pin*, La Ferté-Macé, 1983.

Poncins (Raoul de), *Le Haras du Pin*, Argentan, Éditions du pays d'Argentan, 1956.

Robillard de Beaurepaire (Jules), *Notes et documents concernant l'ancienne administration des haras en Normandie*, s. l. n. d.

Simon Vouet, catalogue d'exposition, Paris, RMN, 1991, p. 512-518.

Vois (André), « Le Haras du Pin », *Congrès archéologique de France*, 1953, CXIe session, Orne, p. 309-316.

Légendes

Couverture

1re : cour d'honneur (photo inversée).

4e : percherons.

1er rabat ext. : harnais de travail au « H » des HN.

Visite

p. 26 : cheval de cirque au haras du Pin (O'Cirque).

Chronologie

De gauche à droite et de haut en bas :

• Histoire : Louis XIV, d'après Rigaud, Salon rouge (J.-Ch. Dartoux) ; incendie de Rennes en 1720, gravure de Thomassin d'après un dessin d'Huguet (Rennes, musée de Bretagne) ; Napoléon Ier, gravure d'Audouin d'après Laurent (MAP, AP, reprod. CMN) ; Napoléon III (coll. part.).

• Le monde des chevaux : voir p. 4 ; décret du 29 janvier 1790 concernant les haras, Alençon, arch. dép. (G. Vilquin) ; inscription rappelant l'installation de l'École des haras dans l'écurie de la Chaîne, au XIXe siècle (G. Vilquin) ; colonel Loïc de La Porte du Theil, écuyer commandant, Cadre noir, Saumur (G. Vilquin) ; voir p. 22.

• Le haras du Pin : voir p. 9, 40b, 68b, 52h, 57, 37h.

Crédits photographiques

HN : Haras nationaux, Paris.
SRI : service régional de l'Inventaire, Caen.
Arch. dép., Alençon : 20 ; bibliothèque municipale, Caen : 11b ; CMN/ P. Cadet : 4 ; CMN/L. Lecat : 2-3 ; CMN/É. Revault : 30b, 37b ; W. Curtis Rolf : 1h, 8, 26-27h, 40c et b, 43b ; haras de Brullemail : 70b ; HN : 38c et b, 39, 64h et b ; HN/J.-C. Dartoux : 1re de couv., 15b, 25b, 29b, 31b, 32h, 34-35, 37h, 38h, 40h, 41, 42h et b, 43h, 44h, 55h ; HN/P. La Doucette : 14h ; HN/A. Martin : 70h ; HN/ M. Noël : 36c ; HN/G. Vilquin : 9, 10, 12-13, 16-17h, 28ch, 32-33b, 45b, 52c et b, 56c, 58b, 59b, 62, 63, 65b, 66h, 69h ; D. Massounie : 42c ; Ch. Morin : 27b ; Opticum : 69b, 71 ; RMN/G. Blot : 3b ; RMN/ G. Blot/H. Lewandowski : 6 ; RMN/F. Raux : 11h ; J.-É. Rubio : 4e de couv., 1er rabat ext., 1c et b, 22-25h, 26, 36h, 44c, 45h et c, 51b, 56h, 59h et c, 60, 70c ; SRI/P. Corbière : 30h et c, 31h, 46h, 47-49, 50b, 53b, 54h, 55c et b, 57, 61h et c ; SRI/J.-C. Jacques : 46b ; SRI/ C. Lecrosniers : 50h ; G. Vilquin : 28h et cb, 29h, 54c et b, 61b, 68.

Centre des monuments nationaux
Président
Isabelle Lemesle
Directeur général
Pierre Deprost

Éditions du patrimoine
Directrice des éditions
Dominique Seridji
Responsable des éditions
Denis Picard
Responsable adjointe
Karin Franques

Responsable de la collection
Alix Sallé
Assistante d'édition
Joanna Korol
Conception
Atalante/Paris
Réalisation graphique
Sylvie Lelandais
Infographie
Marc Brugier
Suivi de fabrication
Carine Merse
Photogravure
Payton/Bilbao, Espagne
Impression
Mame/Tours, France

Dépôt légal : juin 2006
Réimpression : 2007, décembre 2009
ISSN 1159-1722
ISBN 978-2-85822-854-6